AF613434

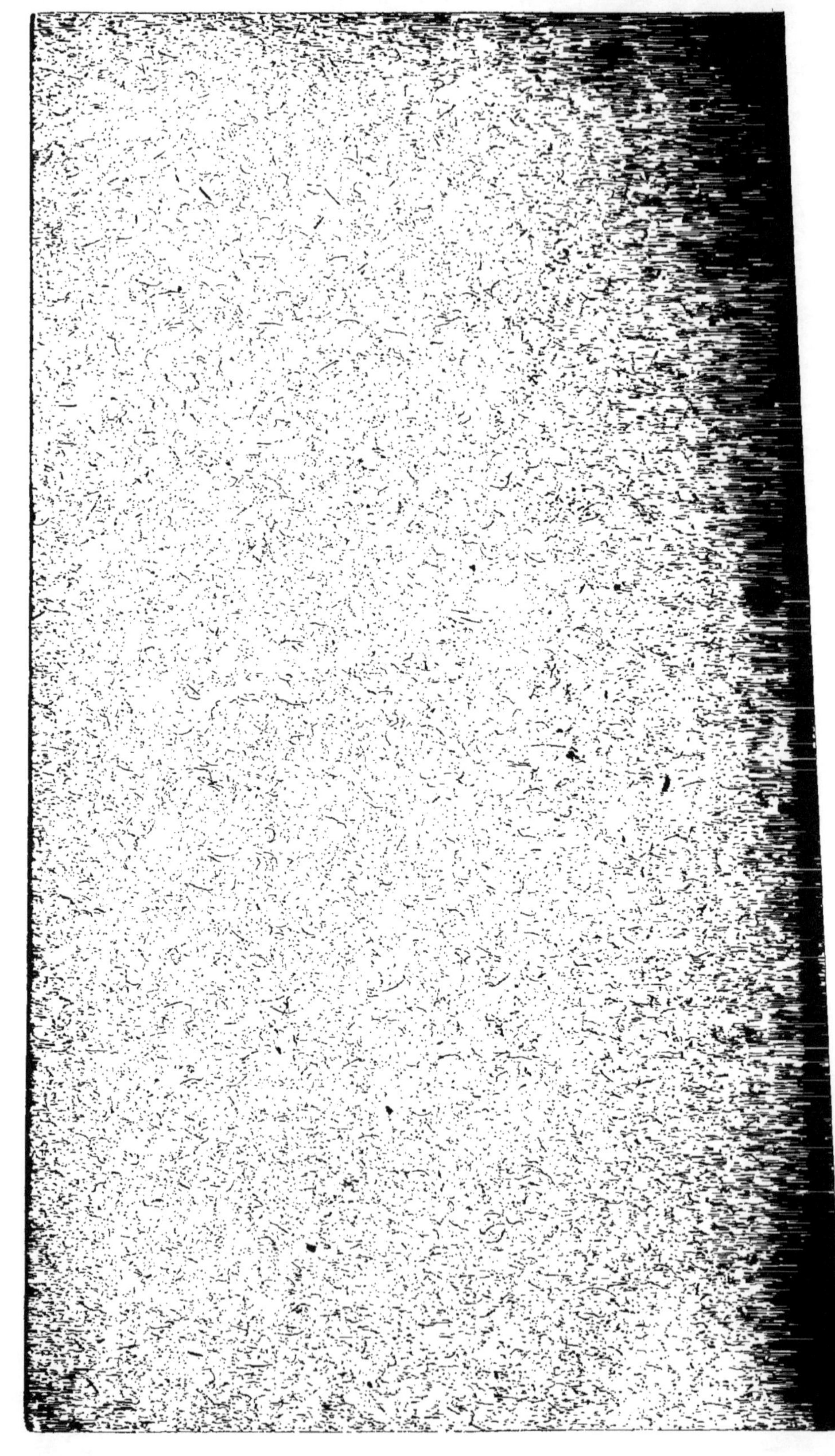

EMILE-BAYARD
L'Art
de Reconnaître
Les Styles.
LE STYLE
RENAISSANCE

L'ART DE RECONNAÎTRE LES STYLES

LE STYLE RENAISSANCE

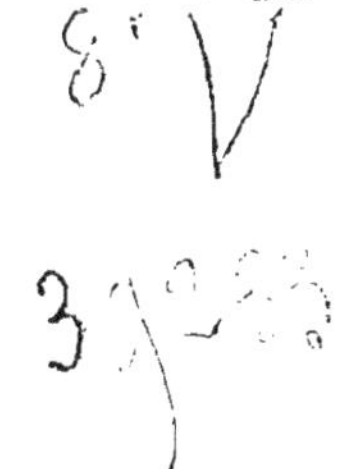

OUVRAGES DE L'AUTEUR, A LA MÊME LIBRAIRIE

L'Art du bon goût (Conseils esthétiques relatifs au mobilier, au costume, au geste, etc.).

Les Grands Maîtres de l'Art.

L'Art de reconnaître les Styles (40e mille).

Le Style Empire (22e mille).

Le Style Louis XVI (18e mille).

Les Styles Régence et Louis XV (15e mille).

Le Style Louis XIV (10e mille).

Le Style Louis XIII (12e mille).

En préparation :

Le Style Moderne

ÉMILE-BAYARD
INSPECTEUR AU MINISTÈRE DES BEAUX-ARTS
SECRÉTAIRE DE LA COMMISSION DE L'ENSEIGNEMENT DU COMITÉ CENTRAL
TECHNIQUE DES ARTS APPLIQUÉS

L'ART DE RECONNAÎTRE LES STYLES

LE STYLE RENAISSANCE

OUVRAGE ORNÉ DE 182 GRAVURES

PARIS
LIBRAIRIE GARNIER FRÈRES
6, RUE DES SAINTS-PÈRES, 6
— 1918 —

En hommage

à M. Théodore Steeg.

Sénateur, ancien Ministre.

E.-B.

CHAPITRE I

Exposition générale des styles avant la Renaissance.

Avant d'aborder l'étude de la Renaissance, époque miraculeuse de l'Art, il ne faut pas méconnaître les splendeurs précédentes qui sont autant d'étapes de Beauté.

La Beauté profite, à travers les âges, des trésors précédents, et, chacun de ses accords doit être respectueusement envisagé avant d'examiner la réalisation harmonieuse à laquelle on s'intéresse particulièrement. Au fur et à mesure des siècles, l'esthétique s'est modifiée au gré de l'idéal et des satisfactions ; ces dernières, plus humaines, étant particulièrement flattées. Pareillement, les mœurs et les caprices du goût ont influé sur le génie qui s'est transformé, sans toutefois jamais négliger les fruits de l'expérience, et c'est ainsi que s'enchaîne la pensée des siècles dans un éternel recommencement, de jour en jour cependant plus pratique.

La preuve en est que lorsque l'art de l'architecture, plus limité que tous les autres, semble épuisé à force d'avoir créé — nos temps en offrent un frappant témoignage — il se renouvelle dans l'ingénieux accord du confort et de l'hygiène, faute de pouvoir davantage, tant les chefs-d'œuvre précédents apparaissent définitifs. Il semble que la ligne ayant été trouvée, on se retourne aujourd'hui vers l'accessoire, et il est piquant de constater que le souci de l'accessoire ou de l'aménagement intérieur, de plus en plus stimulé par le bien-être, est singulièrement inspirateur de la ligne extérieure !

Ainsi s'est rénové dans l'à-côté, l'art architectural moderne, sous l'empire de satisfactions nouvelles. Aussi bien, c'est dans l'enthousiasme qui est une expansion intellectuelle, que les siècles ont conçu des types esthétiques incomparables, et ce n'est point la faute de notre temps, à ciel bas, à vie chère, « américanisé », s'il a dû borner son idéal à l'économie des appétits et des aspirations domestiques.

Jadis, dans l'exaltation de la foi religieuse, depuis le menhir pesant jusqu'à la cathédrale en dentelle, depuis l'obélisque élancé jusqu'au temple colossal, on érigeait magnifiquement; jadis, pareillement, dans l'élan de l'amour civique, les hôtels de ville s'édifiaient, somptueusement. Et, pour ainsi dire, les monuments n'étaient que des actes de foi; la maison du

Fig. 1. — *Église Sainte-Sophie*, à Constantinople.

seigneur, le château, le palais, dominant l'égoïsme de la foule, comme l'hôtel de ville personnifiait impersonnellement son cœur.

Même, l'odieuse guerre, noblesse des armes (naguère!), inspira anciennement une architecture militaire très riche, mais moins fertile cependant, que l'architecture religieuse, celle-ci d'idéal particulièrement triomphant dans l'azur et la paix, d'essence divine, tandis que l'architecture civile et militaire n'était que d'ordre humain. Car il ne faut pas oublier que ce prodigieux mouvement d'art et d'exaltation mentale et militaire qui avait fait de la France (dès l'avènement de l'invention si originale de l'ogive) la reine du monde, s'est exclusivement produit et propagé grâce à la cathédrale improprement dite gothique.

A la naïveté de ces extases primaires, car l'idée de l'hôtel particulier, de la maison bourgeoise, du bien-être commun, ne naîtra qu'au début du XVIIe siècle, notre civilisation répond avec l'incrédulité de l'expérience, avec un sourire blasé. L'originalité des devanciers, certes, avait beau jeu ; notre tâche inventive est autrement difficultueuse maintenant que toutes les formes et formules constructives semblent avoir été réalisées en principe. Usé par les chefs-d'œuvre du passé, notre présent jouit, sur le sommet du Beau, d'un repos stérile, à moins qu'il ne s'agisse d'un fructueux recueillement. C'est l'instant de rappeler à sa béatitude ou à sa méditation laborieuse la personnalité délicieuse de la Renaissance qui inonda de soleil les austérités précédentes.

Et cependant, le gothique ou mieux l'art ogival défaillant, en sa période flamboyante si délicieusement grandiose, ne nous préparait-il pas la transition la plus douce, la plus spirituelle? N'y a-t-il pas dans ces fragiles découpures de l'époque ogivale tertiaire dite *fleurie*, de ces roses particulièrement ornées, de ces choux prodigués, de toutes ces moulures légères et capricieuses, comme un acheminement vers la fraîcheur et la gaîté ornementales qui suivront ?

FIG. 2. — *Chapiteau roman.*

Pourtant, avec l'ogive, au XIIIe siècle, c'en était fait des traditions de l'architecture antique, et voici qu'avec la Renaissance, nous y retournons... Mais les extrêmes se touchent ; ils communient dans la diversité ; leur hautaine distance semble les rapprocher. Moins original que le moyen âge, l'art de retour à l'antique sous la Renaissance, en réaction même avec l'esprit du moyen âge, fit néanmoins la concession d'une transition entre les éléments gothiques et les éléments classiques mélangés avant d'en arriver à la rupture. D'ailleurs, les styles évoluent plutôt qu'ils ne s'opposent brutalement. Les Romains, après avoir élevé des temples à l'imitation de ceux des Grecs dont ils avaient adopté la religion et la civilisation, composèrent un style mixte qui, sans témoigner d'une expression nouvelle, mérita d'être classé sous le nom de « gréco-romain ». Aussi bien le style Régence servira de lien entre le Louis XIV et le Louis XV et mieux, entre l'esprit décoratif du XVIIe et du XVIIIe siècle, ce dernier siècle nettement différent de l'autre, à cause précisément de son affranchissement du classique.

Il n'y a d'exception à cette règle d'amortissement, de transition, qu'à l'époque de la Révolution. Mais alors, la merveilleuse chaîne traditionnelle des styles s'est brisée, et il n'existe plus qu'un art incohérent en attendant que Napoléon Ier improvise une manière de gréco-romain qui constituera le dernier style français classique.

Il n'empêche que si, sous la Renaissance de même qu'au XVIIe siècle, il n'y avait pas eu des architectes de génie, c'en était fait de notre art original. L'art classique constituant en principe la base de toute indigence constructive ou fondamentale ; l'art classique accourant avec de faux airs d'infaillibilité au secours du génie tari et protégeant prétentieusement sa défaite.

On a distingué deux divisions caractéristiques et primordiales dans l'histoire de l'Art : l'art *païen* et

FIG. 3. — *Église Sainte-Croix*, à Bordeaux.

l'art *chrétien* « auxquels se rapportent nécessairement tous les types particuliers des époques intermédiaires »

L'art païen est représenté par l'art grec, inséparable d'un rythme, indiqué en architecture, par les ordres, et par l'art gréco-romain, encore rythmique, mais moins radicalement que le précédent. L'art chrétien est l'art latin, puis byzantin, qui enseigna aux arts arabe, roman et gothique, ses dérivés, le mépris des ordres grecs dans une construction libre, en arc et en voûte, affranchie de l'arcade. Et l'on s'accorde à voir se former en Orient, vers le sixième siècle, cette architecture byzantine et celles qui en procédèrent, les architectures arabe et mauresque, tandis que naissaient en Occident les architectures romane et gothique.

Or, art byzantin comme arts roman et gothique, laissent entendre surtout le mot d'architecture qui, à ces temps d'harmonie intellectuelle et de rationalisme, commandait tant à la peinture, à la sculpture, qu'à l'art décoratif, toutes ces expressions étroitement solidaires de la fonction architecturale appropriée aux besoins matériels ou religieux, aux nécessités de la vie et du climat.

L'architecture, d'ailleurs, n'a jamais ordonné l'art autant qu'à ces époques, puisque le meuble, depuis la chaire jusqu'à la châsse, présente la silhouette d'une cathédrale en miniature. On peut en conclure qu'aux premiers âges, le meuble était essentiellement monumental et ce mot, pour l'instant, suffit à sa description.

Nous renverrons, maintenant, pour l'étude des styles qui précédèrent la Renaissance, à notre ouvrage général : l'*Art de reconnaître les Styles*, et, afin de ne point nous répéter, autant que pour ne pas perdre de vue le but essentiel de notre travail, nous indiquerons seulement ici, les types d'architecture et du

Fig. 4. — *Portail de l'église de la Madeleine,* à Vézelay (Yonne).

meuble qui nous semblent résumer davantage les expressions antérieures au xvie siècle. En même temps, néanmoins, nous soulignerons les bases architectoniques diverses de chacune de ces manifestations et dirons deux mots de leur histoire.

Les Styles du moyen âge : architecture religieuse

Style latin (du IVe au XIe siècle). — On appelle style latin le style de tous les monuments directement issus de l'architecture gréco-romaine. Il constitue l'art chrétien primitif, c'est-à-dire avant l'influence byzantine. Les basiliques, les baptistères érigés près des églises comptent parmi les monuments d'architecture latine les plus intéressants.

L'art des chrétiens, né auparavant dans les catacombes, ne se développa en toute sécurité dans les églises ou basiliques, qu'après Constantin. Exemple d'architecture latine : l'église *Saint-Jean*, à Poitiers, ancien baptistère du VIe siècle ; *Notre-Dame des Doms*, cathédrale d'Avignon (XIe siècle) ; l'église de *Saint-Trophime*, à Arles (commencement du XIIe siècle), la basilique de Latran, à Rome.

Style byzantin. — Les chrétiens s'étaient approprié la basilique antique (ou païenne) pour y installer leurs premiers temples, mais ils la transformèrent.

FIG. 5. — *Cathédrale Notre-Dame*, à Paris.

C'est ainsi qu'ils substituèrent aux plates-bandes monolithes, comme points d'appui, des colonnes qui soutinrent aussi la retombée des arcades. Ces colonnes, petit à petit cédèrent le pas à un système de voûtes ; l'arcade fut ainsi supprimée au bénéfice d'une construction en arcs et en voûtes (coupoles sur pendentifs). Ce fut l'origine de l'architecture byzantine dont nous avons signalé la liberté et qui naquit en Orient, vers le VIe siècle.

Et cette liberté, indiquée encore par l'abandon des ordres grecs, était due aussi aux déformations subtiles du plein-cintre évadé de son encadrement rectiligne. D'où les caprices du fer à cheval, cher à l'architecture arabe, d'où sa métamorphose en angle aigu qui dicta le principe de l'ogive.

Si le style latin était simple, le style byzantin devait être somptueux. C'est l'Inde, c'est la Perse, c'est la Syrie, c'est l'Asie dont il chante le luxe du détail et la magnificence ornementale, tandis que la Turquie, la Serbie, l'Arménie et la Russie représentent exactement son type monumental.

D'autre part, si les fresques peintes par les premiers chrétiens étaient indécises et pauvres, si leur décor poursuivait sans personnalité l'esprit gréco-romain, leurs mosaïques, dans la suite, n'égalèrent point non plus la richesse des mosaïques byzantines, ni leur originalité et, pareillement, toute l'ornementation byzantine d'une stylisation si particulière, large et lourde, audacieusement colorée, d'un goût si oriental (témoin les modernes icônes russes) révèle une nouveauté pittoresque.

Exemples d'architecture byzantine : *Sainte-Sophie* (*fig.* 1), à Constantinople ; *Saint-Front*, à Périgueux ; *Saint-Marc*, à Venise.

FIG. 6. — *Porte centrale du portail de Notre-Dame de Paris.*

Style roman (XIe siècle et première moitié du XIIe). — L'architecture romane, simple, puissante et trapue, au décor riche mais sévère, subit à la fois les influences romaine et byzantine. L'arcade qui régit ses lourdes colonnes est demi-circulaire d'où sa solidité, sa gravité et sa pesante solennité.

Le style romano-ogival ou roman de transition (seconde moitié du XIIe siècle), cumule le plein cintre et l'ogive.

Exemples d'architecture romane : l'église *Saint-Pierre*, à Moissac, *Saint-Germain-des-Prés*, à Paris, *Notre-Dame-la-Grande*, à Poitiers, la *Madeleine*, à Vézelay, Yonne (*fig.* 4), *Sainte-Croix*, à Bordeaux (*fig.* 3), les cathédrales d'*Autun*, d'*Angoulême*, etc.

C'est la période dite *monacale*; l'ère des Troubadours et des Trouvères. Les moines artistes éduquent le peuple avant que naissent les corporations sous l'impulsion des laïques.

Style ogival ou *gothique :* primaire ou en lancette (XIIIe siècle); secondaire ou rayonnant (XIVe siècle); tertiaire dit fleuri ou flamboyant (XVe siècle et commencement du XVIe).

Il naquit du développement de l'art précédent, dans l'élancement audacieux et léger de l'arcade en ogive. Son expression purement française est d'une éloquence religieuse supérieure et définitive. Les murs pleins du roman s'ajourent. Aux baies étroites se substituent de grandes fenêtres et l'église maintenant resplendit de lumière. Au chapiteau roman, historié, allégorique, de faible relief sous un large tailloir oppresseur, succèdent des feuillages sculptés, plus ou moins épanouis et libres.

Le clocher roman était plutôt bas (il consistait en un cône ou une pyramide généralement en pierre), le clocher gothique sera, au contraire, haut, élégant et fin. Des colonnettes remplaceront les lourds piliers et,

Fig. 7. — *Entrée du Musée de l'Hôtel de Cluny*, à Paris.

de ces colonnettes, jaillira la nervure des voûtes. A la délicatesse de toutes les moulures différentes entre elles, répondra celle des arcs-boutants ajourés, en place des massifs contreforts précédents. En un mot, l'architecture gothique fait l'effet d'une merveilleuse dentelle de pierre. Exemples d'architecture gothique : *Notre-Dame-de-Paris* (*fig.* 5 et 6), les cathédrales de *Chartres*, de *Reims* (cette dernière si odieusement maltraitée par le tir à longue portée des batteries allemandes en 1914), de *Beauvais*, d'*Amiens*, de *Tours*, de *Rouen*.

Les Styles du moyen âge : l'architecture

D'une manière générale, au moyen âge, époque où régnait la guerre, la demeure était surtout pittoresque et fantaisiste. L'idée de se défendre étant dominante, faute du terrain que les fortifications restreignaient, on dut se rattraper sur la hauteur des maisons. Aussi bien, par suite des circonstances économiques, les rez-de-chaussée étaient construits en pierre, tandis que les étages supérieurs le furent en bois et s'avancèrent en encorbellement sur la rue, surtout au XVe siècle. C'est-à-dire que les pièces du haut étaient plus grandes que celles du bas sur lesquelles elles faisaient saillie. Disposition favorable à l'écoulement des eaux pluviales qui tombaient ainsi, directement, du toit couvert d'ardoises dans un ruisseau tracé au milieu de la rue. Celle-ci, fatalement

FIG. 8. — *Musée de l'Hôtel de Cluny*, bâtiment latéral gauche, dans la cour intérieure.

étroite, mesurant la vue du ciel en haut, d'autant que les maisons, placées face à face, se touchaient presque à leur extrémité supérieure.

Ces constructions, où les montants, les traverses, les poutres en bois apparaissent, lorsqu'ils n'étaient pas maçonnés ou cloisonnés de briques, étaient coiffées d'un vaste toit, très incliné, hors de proportion, même, avec les murs latéraux ; lequel toit formait un pignon aigu supporté par deux madriers taillés en ogive. Des boutiques avec volets à rabattement étaient installées au rez-de-chaussée et, l'escalier intérieur, très étroit, se déroulait dans une tourelle extérieure à laquelle répondaient, sans souci symétrique, d'autres tourelles également en saillie qui servaient d'oratoire aux passants. Quant aux fenêtres, primitivement crénelées à l'époque féodale, elles sont couronnées d'un arc en plein cintre, à l'époque romane et, après, elles sont coupées de meneaux verticaux et horizontaux. Rares dans la région du Midi, à cause du soleil, les fenêtres ne s'ouvrent pas dans les pays du Nord, à cause du froid.

Mais les documents nous manquent jusqu'au XIIe siècle et, surtout les monuments officiels, si l'on peut dire. Les basiliques, cathédrales, églises, halles, hôtels de ville et beffrois, qui nous demeurent en témoignage des lointains âges, ainsi que les enceintes fortifiées, portes de villes, etc., ne nous renseignent qu'approximativement sur la demeure de nos ancêtres. Le style décoratif, en revanche, des vestiges du passé ne saurait nous échapper. Que les ruines soient grecques ou romaines, romanes ou gothiques, elles parlent d'elles-mêmes malgré leur vétusté, et l'on peut arriver à reconstituer l'ornementation intérieure de ces ruines pourvu qu'un débris de chapiteau, que le moindre morceau de moulure subsiste.

La vieille forteresse du moyen âge, aussi bien, à unique salle coupée de tapisseries, ne nous donne guère qu'une impression exceptionnelle de l'habitation d'alors. Fossés, pont-levis, murs crénelés, autant de farouches évocations sans souci d'une esthétique féconde et positive, et, à l'intérieur, le froid dallage, la haute cheminée en pierre, les poutres apparentes des plafonds, doivent seuls arrêter notre rapide course à travers un domaine plutôt hypothétique qui, d'ailleurs, ne nous concerne qu'accessoirement

Fig. 9. — *Église Saint-Maclou, à Rouen.*

ici. Nous complèterons pourtant ces détails, lorsque nous en arriverons à traiter de l'architecture sous la Renaissance, car c'est plutôt par déduction que l'on évoque logiquement les époques sommaires et douteuses. Comment, au surplus, pourrions-nous nous arrêter sérieusement à l'idée d'une installation intime et harmonique avant le xve siècle, époque où des meubles déterminés nous demeurent témoins irréfutables et palpables d'un soupçon de confort et de vie rassérénée ?

Notre plan, d'ailleurs, ne doit point s'écarter de sa visée pratique, et il importe de mesurer notre coup d'œil rétrospectif, en amont de notre sujet principal, à la stricte utilité. Restons-en donc particulièrement. à la maison à encorbellement, à pignon sur rue, dans laquelle nous apercevons les premiers meubles.

Les styles du moyen âge : le mobilier

Nous savons que les meubles du début sont inséparables de l'architecture. Ils en ont l'allure massive ou l'élancement; la structure et l'ornementation. Leurs pieds droits, gravés de moulures verticales, leurs colonnettes, sont autant de rappels architectoniques en réduction. Les ferrures et pentures précèdent aux XIIe et XIIIe siècles, la sculpture sur bois qui sera particulièrement brillante aux XIVe et XVe siècles. En attendant, des peintures, encore, des ornementations de cuir gaufré et doré agrémentent des constructions rigides. Les meubles sont réduits au coffre ou bahut ; les sièges moins nombreux que les bancs, affectionnent la forme d'un X. Puis, à la période gothique, sans cesser cependant de demeurer architecturale,

FIG. 10. — *Stalles* (fragment) *de style ogival* (Cathédrale d'Amiens).

nous verrons la sculpture monumentale fouiller à profusion les chaises et chaires, les crédences ainsi que le lit qui, devenu immense, dominera.

Le coffre roman comme la chaise gothique (*fig.* **11**) sont à rapprocher du style de leur église et de leur cathédrale. Ils leur ressemblent et, quant à la beauté diverse de ces meubles, elle frappera mieux que des mots dans la vision de nos gravures préliminaires. C'est en examinant des images soigneusement choisies que le lecteur se fera une opinion générale et personnelle des chefs-d'œuvre de tous les arts sur la base desquels, à travers des idéals divers, la beauté s'est renouvelée. Et, en ce qui concerne le meuble, surtout aux époques ogivales, secondaire et tertiaire, que nous parcourûmes aussi rapidement que l'architecture du même temps, nous ne manquerons pas d'y revenir aussi, d'autant qu'alors nous touchons à une transition où s'associent les éléments gothiques et classiques.

Après quoi, nous aborderons l'étude générale et plutôt historique de la Renaissance, époque où l'essor du génie a été particulièrement muable et rayonnant dans une société en pleine révolution intellectuelle. Mais il nous a fallu rendre hommage auparavant, répétons-le dans notre chapitre d'exposition, aux précédentes conquêtes de l'esprit et de la civilisation qui sont comme autant d'échelons vers certaine pureté, à travers le caprice et les mœurs différentes. Il ne faut pas oublier que l'admirable mouvement de la Renaissance, où communièrent les joies esthétiques les plus rares, à la fois artistiques, littéraires et philosophiques, naquit en Italie dès le milieu du XIVe siècle et qu'il s'y développa pendant tout le siècle suivant avant de se répandre dans les autres pays de l'Europe occidentale, de la fin du XVe siècle jusqu'à la fin du XVIe.

FIG. 11. — *Chaise de style ogival.* (Musée des Arts Décoratifs).

C'est souligner une longue période d'incubation dont il serait ingrat de pas tenir compte aux artisans de l'apogée glorieuse du XVIe siècle, tout comme il serait injuste d'attribuer au seul roi Soleil la grandeur tout entière du siècle de

Louis XIV. Aussi bien les grands styles n'ont-ils été, souvent, que le résultat de coïncidences, de laborieuses et obscures préparations dont l'heure favorable s'enorgueillit au gré d'un désir simplement réactionnaire. Toutefois, il est piquant de revenir sur l'importance directrice de l'art antique dans l'histoire des styles. En effet, sans parler du style Empire, gréco-romain improvisé sur les cendres de la Révolution, voici la Renaissance qui but aux sources de l'Hellade ainsi que le grand siècle et le style Louis XVI, à la fin du tendre XVIIIe siècle.

Et, sous la Renaissance, l'antiquité inspira originalement, tandis que sous Louis XIV, ce même modèle antique s'imposa classiquement, puis disciplinairement, sans abdiquer toutefois sa personnalité, tandis, enfin, que Napoléon Ier s'asseyait en conquérant, sur le trône de César, en hâte francisé.

CHAPITRE II

Les origines de la Renaissance, en Italie et en France. — Les précurseurs de la Renaissance en Italie.

L'Italie qui avait résisté aux licences de l'art occidental en héritière directe qu'elle était de l'esprit de l'antiquité; l'Italie, dont seules les provinces limitrophes de l'Orient s'inspiraient passagèrement du style byzantin, tandis que le style latin, issu d'une adaptation de l'architecture gréco-romaine, florissait plutôt dans le Midi ; devait revenir avec une prédilection toute naturelle aux traditions de l'art romain.

L'art gothique, d'importation étrangère, n'avait point enthousiasmé les Italiens, alors que l'art roman, plus directement inspiré des constructions romaines, malgré quelques emprunts au byzantin, s'était formé en Lombardie. La révolution qui devait clore historiquement le moyen âge sous le nom de *Renaissance*, n'étonne point dans ce pays de la tradition, dont l'empressement à renvoyer le système architectonique de l'art gothique aux lignes verticales prédominant sur les lignes horizontales, marque le premier geste de révolte.

Ce fut donc en Italie, plus essentiellement à la fin du xve siècle et dans la première moitié du xvie, et d'une manière générale depuis la prise de Constantinople par les Turcs — du milieu du xve siècle à la fin du xvie, — que s'épanouit la fastueuse Renaissance.

De là elle se répandit en France puis en Allemagne[1], ne gagnant que plus tard l'Espagne[2] et la Hollande.

Ces divers pays devaient néanmoins puiser chacun, à divers degrés d'intelligence et de goût, dans le trésor révélé. Suivant la mentalité de la race où elle germa, la Renaissance, en effet, revêtit des atours différents et cela n'est pas un des moindres agréments et bénéfices de sa beauté. Autant le gothique français avait

1. L'Allemagne, cependant, fournit, à cette époque, des sculpteurs à l'Italie, témoin Vasari constatant que Nicolas de Pise « surpassa les Allemands qui travaillaient avec lui ».

2. Les Arabes avaient seulement enseigné l'architecture aux Espagnols, car la religion musulmane, par la voix du Coran, prononçait l'anathème contre les autres arts du dessin. C'est ainsi que la peinture et la sculpture furent d'importation flamande et italienne en Espagne, et l'essor qui nous occupe devait fatalement s'en ressentir.

été sobre et léger, autant le gothique allemand s'alourdissait de détails et, pareillement l'Espagne, plutôt esclave de la bizarrerie mauresque, ne parvenait pas à imiter l'élan de notre grâce, non plus que l'Angleterre avec ses simplifications empreintes de

Fig. 12. — *Jubé de Limoges.*

sécheresse. Au surplus, si l'on prend à témoin la cathédrale de Milan, à laquelle des architectes allemands, normands, français et italiens, s'employèrent, le manque d'unité de son plan ne place point la « huitième merveille du monde », au-dessus de notre cathédrale de Reims, par exemple, d'une pure harmonie française.

S'il est vrai que les styles s'expriment chacun selon leur cœur et leur langue nationale, il faut cependant concéder à la France d'où partit généralement l'exemple, la supériorité de son éloquence. D'ailleurs si, pour une fois, la Renaissance échappa à son inspiration initiale, nous verrons combien la France fit sienne et avec quel mérite éclatant, la création italienne.

Il existe dans l'art de la Renaissance italienne comme un reflet de cette race. Quelque maniérisme, quelque tourmente dans la forme qui, avide de souplesse se dérobe volontiers, quelque crudité dans la couleur assoiffée de tons, quelque ciselure excessive due à une habileté effrénée, à une imagination surabondante.

Chez nous, le goût domine dans la sobriété. Le goût est d'essence française. Voyez plutôt un Palladio opposé à un Pierre Chambiges. Voyez un Vignole, longtemps regardé comme le législateur suprême de l'architecture, à côté d'un Philibert Delorme.

Il semble qu'à la longue, le sourire affecté de la Renaissance italienne serait lassant, tout comme le ciel bleu d'Italie, tandis que la Renaissance française alterne avec plus de tact la gravité et le sourire, en harmonie avec les gris de sa nue.

La Renaissance italienne, en vérité, nous a légué un art de parade dont nos jours peinent encore à se libérer.

Mais, pour l'instant, la Renaissance naît au pays de Dante et nous avons indiqué les raisons sentimentales qui dictèrent aux Italiens le retour à l'es-

FIG. 13. — *Cheminée* (XVe siècle), au Musée de Cluny.

prit antique, au nom de la tradition. On a fait justement remarquer, au surplus, que, dès la fin du XIVe siècle, Orcagna avait enthousiasmé ses contemporains par les immenses arcades *cintrées* dont il avait décoré la « Loggia dei Lanzi » à Florence et, de même Brunelleschi, né en 1377, malgré qu'il ait collaboré avec un grand talent à Sainte-Marie-des-Fleurs, d'architecture ogivale, se fit non moins remarquer par la manière antique dont il para les palais des Strozzi (cul-de-lampe de ce chapitre) et des Ricardi, à Florence. Sans compter que le palais Pitti, pour avoir été commencé encore par Brunelleschi, n'est pas moins décoré à l'antique, et pareillement Alberti et le Rosselino, à Rome, Lombardi, à Venise, Rimini et Alberti, à Milan, Omodeo, à Pavie, s'inspirent des mêmes principes d'innovation.

Bref, la Renaissance eut surtout l'avantage de choisir et de perfectionner les chefs-d'œuvre précédents, mais il importe de démêler avec quelle fantaisie et quel art, malgré qu'elle ait failli à l'originalité du moyen âge.

La Renaissance, c'est Giotto qui substitua l'expression, le sentiment et la vie à la raideur et à l'âpreté des formes byzantines ! C'est Giotto inventant le style en peinture et donnant les plans du campanile, si élégant, si pur, qui se dresse à côté de la cathédrale de Florence.

La Renaissance, c'est Dante dans Florence encore,

Fig. 14. — *Lit* (fin du xve siècle), Musée des Arts Décoratifs.

sa ville natale, c'est Arnolfo di Cambio ou di Lapo, citoyen de Toscane. Le premier génie à qui l'on doit la plus haute expression poétique du christianisme, le second dont la cathédrale de Florence marque la première étape de la noble réaction qui nous occupe, du plein cintre contre l'ogive.

Et cependant la construction de Sainte-Marie-des-Fleurs remonte à la fin du XIIIe siècle. Dès cette époque, déjà, le combat entre l'église d'Orient et celle d'Occident s'engage, et rien n'apparaît plus louable que la lutte de l'Italie contre l'importation étrangère, de Rome contre Constantinople au nom de son originalité séculaire.

Plus tard, progressivement, le goût de l'Architecture et de tous les chefs-d'œuvre de l'antiquité amena les artistes dirigés par les philosophes, les poètes et les savants, à de pieuses exhumations que le christianisme avait interdites. C'est ainsi que l'art païen s'opposa à l'art chrétien, dans l'architecture d'abord; l'architecture étant l'art le plus complet, d'où tous les arts dérivent après qu'elle les a tous mis à contribution.

Aussi bien la Renaissance résulte d'un bouleversement unanime des mœurs, d'un ensemble d'aspirations nouvelles, d'un changement d'esprit. Les temps inquiets de la féodalité avaient créé un art guerrier, nomade. L'écorce était rude de ces hordes et de cette soldatesque plus occupée à défendre la noblesse qu'à en acquérir. La culture intellectuelle, à ce prix, presque abandonnée, ne s'excusait que dans la force physique, et le château-fort eût méprisé le château de plaisance appelé à le remplacer. Le charme et l'élégance devaient ainsi succéder normalement dans un ciel riant, dans l'air frais, à une ère farouche. Tout comme le XVIIIe siècle sera une époque de détente après un XVIIe siècle rigide, la Renaissance dont la grâce n'est pas sans analogie avec cet alanguissement, marqua d'un arc-en-ciel la nue dégagée.

FIG. 15. — *Dressoir* (Musée de Cluny).

Les philosophes du XVIIe siècle se rencontreront plus tard, ainsi, avec ceux du XVIe qui communient maintenant d'espoir dans une histoire et une littérature rénovées.

Toutefois, un auxiliaire inédit intervient sous la Renaissance : les protecteurs. Ceux-ci, des princes, des papes, voire des banquiers, témoin Agostino

Chigi, exaltent le génie avec le plus noble empressement et les riches marchands comblés par l'essor florissant de leur commerce, emboîtent le pas. De cette flatterie générale résulte une émulation fertile en chefs-d'œuvre. Sous ces bienfaisants auspices, les peintures, les sculptures élaborées dans le calme, débordent de sérénité.

La bienveillance de ces protecteurs, renouvelés des prodigieux moines des XIe et XIIe siècles, est ainsi payée de gloire par un art né d'une vocation qui s'exerce comme un sacerdoce. En dehors de l'action particulière des Gonzague, à Mantoue, des Médicis, à Florence, des Visconti et des Sforza, à Vérone ; les papes Alexandre VI, Jules II et Léon X, daignent favoriser l'épanouissement artistique dans leur patrie. L'art, considéré comme d'essence à la fois divine et royale, resplendit. On se dispute ses produits et leurs auteurs, que des concours, établis de ville en ville, sollicitent. Architectes, peintres et sculpteurs collaborent étroitement au chef-d'œuvre. Commémorations laïques ou religieuses embellissent tour à tour les églises et couvents, les hôtels de ville. Comblés d'or et de titres, les artistes ne seront jamais autant choyés, leur génie demeurant libre comme leur foi ; leur désinvolture même, leur gaminerie, à l'égard des grands, trouvant toujours son excuse en échange d'un peu de beauté.

Le moine Jérôme Savonarole sera mis à mort pour

avoir voulu combattre l'esprit profane de la Renaissance florentine (vers la fin du XVe siècle) et, auparavant le culte de l'antiquité s'imprégnera de naturalisme avec Fra Filippo Lippi, avec Masaccio, tandis que

FIG. 16. — *Dressoir* (Musée de Cluny).

l'idéal religieux produira un grand maître : Fra Angelico da Fiesole, et que les chastes madones de Raphaël resplendiront d'un charme et d'une pureté où le divin et le réel communieront non moins génialement.

C'est de cette liberté qu'est née la grâce d'un Raphaël à côté de la puissance d'un Michel-Ange, et l'exemple d'un Benvenuto Cellini, tuant quelqu'ennemi entre deux chefs-d'œuvre, se compense du pieux agenouillement d'un Fra Angelico avant que de peindre. Et l'éclectisme de l'Église en faveur des deux gestes, prouve une tolérance dont l'on serait mal venu, en présence du résultat, de critiquer la généreuse bienveillance. Aussi bien, saint François d'Assise et saint Dominique fondent deux ordres : les Prêcheurs et les Mendiants, où l'on enseigne l'art à titre de moralisation, et l'art, en revanche, s'exerce dans les cloîtres et les couvents, dans les églises et les monastères, avec une licence extraordinaire, pourvu seulement qu'il soit admirable et, à cette condition-là, certes, il ne faillit pas.

L'essor unanime des expressions d'art n'est pas moins fécond aux acquisitions nouvelles. Jean et Hubert Van Eyck feront progresser en Flandre la technique de la peinture à l'huile, et le Florentin Finiguerra inventera la gravure en creux sur métal. La révélation de ces procédés arrive à son heure et, sur cette constatation dont nous détaillerons les effets plus loin, nous examinerons les causes et résultats moraux de la Renaissance italienne en France.

Cette répercussion fut violente ; malgré qu'elle n'ait opéré que lentement. Elle se présenta plutôt sous les dehors d'une transition qui est précisément l'expression flamboyante de l'art gothique dont nous avons signalé l'analogie de grâce et d'esprit, moins la

Fig. 17. — *Portail de l'église Saint-Eustache*, à Paris (façade méridionale).

mesure, avec la période de Renaissance. « Jusqu'à la

fin du XVe siècle, écrit judicieusement Henry Havard (*Les Styles*), elle (la période flamboyante, qui avait commencé sous le règne de Charles VII, atteint son point culminant sous Louis XI et continué sa riche manifestation sous ses deux successeurs immédiats) régna en maîtresse, et même à l'aurore du XVIe siècle, elle inspirait encore les architectes de Meillant, de Gaillon et de Blois. » Et, nous ajouterons à cette énumération qui vient à l'appui de la thèse d'une lente substitution et tout au moins prouve que la révolution architectonique de la Renaissance ne fut ni immédiate ni unanime : l'église Saint-Eustache, à Paris (*fig.* 17), de style bâtard (mi-gothique, mi-renaissance), l'hôtel Bourgtheroulde, à Rouen, l'abside de l'église Saint-Pierre, à Caen (*fig.* 25). Au surplus, une partie de l'église de Brou, celles de Gisors et de Villeneuve-le-Roi, et tant d'autres édifices encore, portent la marque d'un style de transition, dont le meuble, fatalement, devait subir l'intéressante incertitude.

Toutefois, la Renaissance fut pour nous une révélation et notre enthousiasme ne semble avoir été retardé que par notre désir d'une mise au point bien nationale. Si l'Italie avait été pour l'art moderne une Grèce nouvelle, la France protégea cet art moderne de bonne heure, le rappela dans son sein où il a peu grandi, il est vrai, mais d'où il a mieux dominé le monde.

Ce furent les guerres d'Italie qui nous amenèrent à contempler la beauté à l'étranger, au XVIe siècle, sous la conduite de Charles VIII, de Louis XII et

FIG. 18. — *Chapiteau renaissance*, bois sculpté (Musée des Arts Décoratifs).

de François Ier, et nous induisirent à la beauté nouvelle. Du moins, ces princes émerveillés ne rêvèrent-ils plus que de l'art gréco-romain rénové chez nos voisins et mis par eux, avec tant de fantaisie et d'esprit, au goût du jour.

Cependant, si l'Italie devait détacher la France des traditions du moyen âge à l'heure où notre art ogival s'altérait, il ne faut pas oublier que l'influence flamande, d'où notre génie national dégagea aussi une personnalité des plus attachantes, nous toucha antérieurement de sa grâce sensible et vivante. Les ducs de Bourgogne, aux xive et xve siècles, précédèrent, en effet, l'exemple des rois du xvie en détournant nombre d'artistes des villes flamandes où ils brillaient. Ce fut là l'origine de l'école française de Tours qui, au xve siècle, affirma une originalité profonde avec le peintre Jean Fouquet (de 1415 à 1480?) et avec le sculpteur Michel Colombe (de 1431 à 1512 ?)

Or, Colombe avait étudié à Dijon les dessins du Flamand Claux Sluter, auteur avec son neveu, Claux de Werve ou de Vousonne, du fameux *Puits de Moïse* et, de même, les Jean de Bruges, les Hennequin de Liège, les André Beauneveu, de Valenciennes, peintres et sculpteurs flamands, appelés à la cour de France par les ducs d'Anjou, de Berry, d'Orléans, furent les premiers artisans de notre propre gloire.

Dijon et les bords de la Loire témoignent de ce mouvement artistique mémorable où la Flandre et la Bourgogne communièrent, avant d'emprunter à l'Italie, en une Renaissance franco-flamande.

Mais retournons au xve siècle, en France, où nous

contemplons l'éclosion d'une civilisation nouvelle, d'une société « rafraîchie » d'après l'exemple ou mieux, d'après la vision italienne. C'est aussi le signal d'une émancipation que Viollet-le-Duc décrit ainsi « ... un sentiment démocratique prononcé, une haine de l'oppression qui se fait jour partout, et, ce qui est plus noble, ce qui est un art digne de ce nom, le dégagement de l'intelligence des langes théocratiques et féodaux ». Il n'y a point, en effet, que le spectacle de la patrie de Dante qui nous ait impressionnés. D'autres facteurs importants intervinrent dans cette émotion. Les découvertes maritimes, d'une

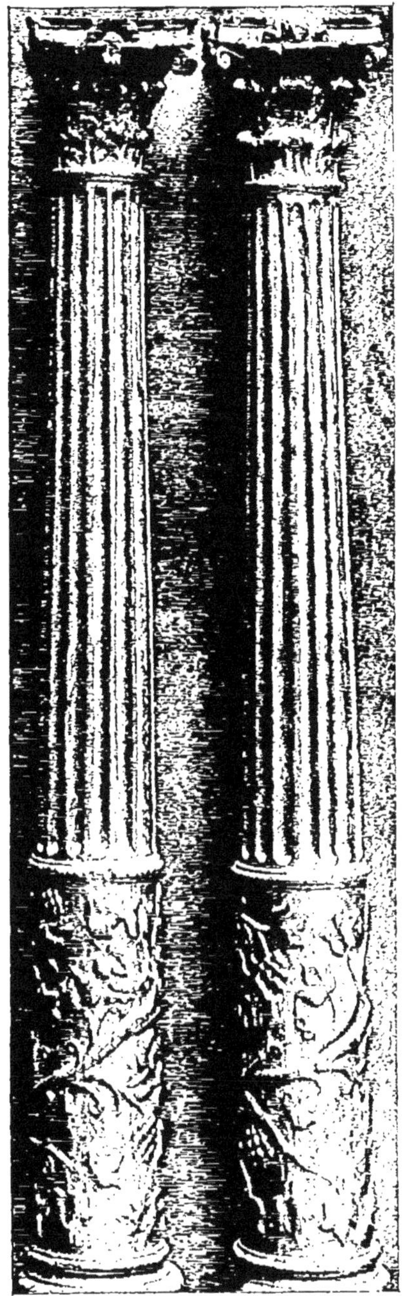

Fig. 19. — *Colonnes Renaissance.*

part, accusées par les progrès de la navigation et de l'autre, les victoires nouvelles de l'esprit : après la découverte de l'Amérique par Christophe Colomb (1492), celle de l'imprimerie, sans oublier les perfectionnements de la science et de la musique, devaient contribuer matériellement et intellectuellement à l'essor que nous examinons, à la brillante métamorphose qui va suivre.

Aussi bien, les échanges du commerce, favorisés par la navigation, propagèrent d'autres bienfaits et, le luxe notamment, qui développa le goût de la rareté, naquit de cette rivalité des fruits internationaux savoureusement disputés. Les richesses de l'esprit, enfin, n'envièrent rien à l'activité des industries d'art, dans la propagation de l'instruction et de l'éducation par la diffusion des langues et des mœurs. Et ce fut un rayonnement que l'histoire a décomposé en trois périodes, la première représentée par le règne de Louis XII, la seconde par le règne de François Ier et la troisième par le règne de Henri II.

Au résumé, en attendant que le début du XVIe siècle amène les arts d'Italie en France, protégés par Louis XII et Georges d'Amboise, en attendant encore que dans le sein de sa cour galante, lettrée, chevaleresque et frivole, François Ier poursuive l'appel en France des artistes et savants étrangers, il nous faut évoquer encore une fois le nom de Dante dont le prodigieux poème intitulé : la *Divine Comédie*, impose la réflexion.

Nous avons saisi la transition entre la recherche mystique et gracieuse du moyen âge et la rigidité antique, dont les premiers Florentins nous servirent la gloire. La *Divine Comédie*, maintenant, nous semble l'expression de la bataille ardente, gigantesque, effrayante, du génie grec-chrétien et du christianisme juif. C'est la lutte convulsive du moyen âge expirant et de l'ère moderne grandissante avec le pâtre Giotto qui créera la peinture moderne, tandis qu'une langue nouvelle, qu'une poésie inédite jailliront. C'est la barbarie du Nord et la grâce de la civilisation hellénique mais chrétienne voulant refleurir sur son sol.

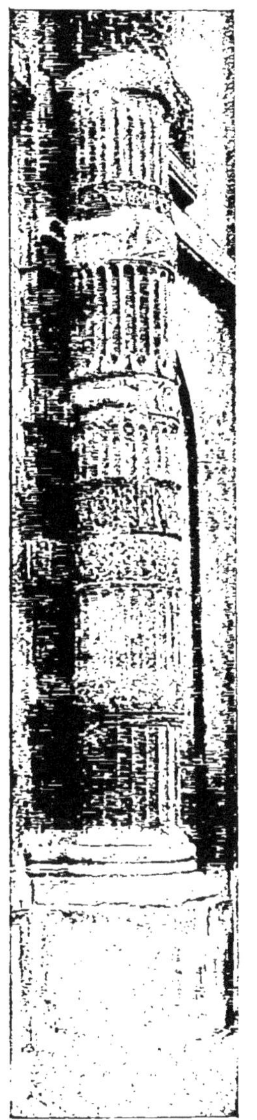

FIG. 20. — *Colonne dite Française.*

Ajoutons maintenant, aux noms déjà cités parmi les apôtres de la première Renaissance italienne dont le berceau fut Florence, ceux, au XVe siècle, des architectes : Marco di Campione, auteur de la *Chartreuse de*

Pavie, Ben Majano et Cronaca à qui l'on doit le palais Strozzi et Michelozzo le palais Riccardi; Alberti, qui perfectionna la manière de Brunelleschi et donna à Mantoue les basiliques de Saint-Sébastien et de Saint-André. Puis, en passant rapidement sur les sculpteurs André, Nicolas et Jean de Pise qui travaillèrent aux XIIIe et XIVe siècles, au baptistère et à la cathédrale de Pise ainsi qu'au baptistère de Florence, tandis qu'aux mêmes époques, les peintres primitifs comme Cimabué, le maître de Giotto et Giotto déjà nommé, Duccio, Simone Martini dit Memmi, Fra Angelico, se dégageaient de la tyrannie byzantine, nous en arrivons à la fin du XVe siècle.

C'est la seconde période de la Renaissance, la plus brillante, dont le siège sera à Rome ainsi que durant tout le XVIe siècle. Les architectes précédents qui s'étaient acheminés vers une sobriété où sombraient peu à peu les éléments de l'art ogival, vont maintenant, avec Bramante (**1444-1514**), retourner nettement aux ordres antiques. Bramante fut l'un des architectes les plus habiles de la Renaissance en Italie. On lui doit la belle coupole [1] de Sainte-Marie-des-Grâces, à Milan, sa patrie, la façade du palais Giraud, à Rome, ainsi que

1. Bramante revint à l'usage de la coupole qu'il répandit. Sous Louis XIV, cette coupole deviendra un dôme qui couronnera à l'envi les plus beaux édifices.

le plan de Saint-Pierre et l'harmonieux et élégant palais de la Chancellerie.

Du côté des sculpteurs, au xve siècle, nous voyons Lorenzo Ghiberti (1378-1455), auteur des précieuses portes du baptistère de Florence (nord et est), sa ville natale, et architecte, d'autre part, du Dôme de Florence. Puis, Donatello (1386-1466) dont le réalisme est admirable (*fig.* 88) ; Verrocchio (1435-1488), auteur de la belle statue équestre du condottiere Coleoni (*fig.* 87) et Luca della Robbia (1400-1452), dont les bas-reliefs émaillés et polychromes sont particulièrement remarquables (en-tête du chapitre IV). Quant aux peintres, ils se réclament de différentes écoles.

Fig. 21. — *Panneau d'armoire.*

C'est, dans l'école Florentine, Botticelli (1447-1510), distingué, élégant et mièvre, d'une exquise étrangeté; c'est Fra Filippo Lippi (1412-1469); Masaccio (1401-1428); Domenico Ghirlandajo (1449-1498); c'est Benozzo Gozzoli (1420-1498). Dans l'Ecole ombrienne ou romaine, domine Pietro Vannucci dit le Perugin (1446-1524); dans l'école de Padoue: Mantegna (1431-1506) et, dans l'Ecole vénitienne : Carpaccio, les Bellini. Chacune de ces écoles, auxquelles il convient de joindre les écoles milanaise, padouane, génoise, etc., a son caractère, son esprit, sa couleur et, c'est l'instant de constater que si l'art de l'Architecture fut particulièrement célébré à la période gothique, c'est maintenant la Peinture qui est davantage florissante. Nous noterons ici, que les premiers peintres italiens : Cimabué, Taffi, Giotto, Paolo Ucello, Massolino, Masaccio, etc., jusqu'à Andrea Castagno, exclusivement, ne peignirent qu'à fresque ou en détrempe et que les premiers sculpteurs, revenus aux traditions de l'antiquité, modelèrent d'abord des bas-reliefs.

En attendant que nous parlions du XVIe siècle en Italie et en France, époque où la Renaissance fut essentiellement radieuse, nous poursuivrons en Europe notre rapide examen de l'Art aux mêmes temps que ceux que nous venons d'examiner en Italie.

Chez nous, au XVe siècle, nous suivons à peu près la

même direction que les peintres flamands, surtout dans le portrait, et ce n'est qu'au XVIe siècle que l'école des Italiens, le Primatice en tête, nous inspirera. En Flandre, on cumule le réalisme avec un reste d'attachement aux traditions byzantines. L'école des Van Eyck domine, au XVe siècle, avec une intensité de vie et de couleur remarquable : c'est après Memling, gracieux et ingénu, Van der Weyden, harmonieux et charmant, Thierry Bouts, Van der Goes, artistes de moindre envergure. Puis, au XVIe siècle, fatalement on inclinera, mais partiellement, à l'imitation italienne.

FIG. 22. — *Panneau d'armoire*, faisant pendant au précédent, dans le même meuble.

En Allemagne, l'influence des Van Eyck demeure encore sensible, mais les deux grandes écoles de Cologne (xve siècle) avec Martin Schongauer, Stephan Locher, et de Nuremberg (xvie siècle), triomphent bientôt dans la personnalité. A. Dürer, qui se réclame notamment de cette dernière école, unit généralement le paganisme italien et le mysticisme allemand. En Espagne, l'imitation du Caravage entraîne la peinture dans une réalité d'expression brutale après avoir été plutôt encline au mysticisme de l'influence napolitaine.

Et cependant, de grands maîtres espagnols se mesurent encore dignement avec les Italiens et les Allemands : ce sont des portraitistes comme Pantoja de la Cruz, le Greco, Sanchez Coello et, dans la peinture religieuse : Luis de Vargas, Joanes, Moralès.

Quant à l'Angleterre, elle imita longtemps les peintres étrangers et, à l'heure qui nous occupe, elle poursuit son œuvre sans guère d'originalité. Dans la miniature, cependant, le nom d'Isaac Olivier est à retenir pour la grâce de ses portraits.

Nous aurons l'occasion de revoir quelques-uns de ces grands noms au cours de notre travail. Mais nous devrons toujours nous limiter jalousement à notre programme pour ne pas nous égarer dans le domaine de l'histoire de l'art qui tente à chaque instant notre plume. Sachons donc nous borner à l'art de reconnaître les styles, en touchant aux à-côté avec la stricte utilité de notre but d'enseignement pratique, en nous efforçant de dénouer l'écheveau touffu des écoles, des mouvements d'idées, des modes et caprices, des évolutions, réactions et progressions, qui aboutirent à fixer des types éternels.

C'est ainsi qu'au chapitre suivant, avant d'entamer plus à fond l'étude de la Renaissance en Italie et en France, conjointement, pour solidariser autant que possible notre démonstration générale, nous insisterons sur le style gothique des XIVe et XVe siècles que nous esquissâmes seulement. Ainsi se dégagera plus nettement, étape par étape — car les époques secondaires et surtout tertiaires du gothique nous ménagent, répétons-le, une intéressante transition — l'arc-en-ciel de la Renaissance, à travers les nobles contagions du Beau dont les différences sont autant d'idéals cristallisés.

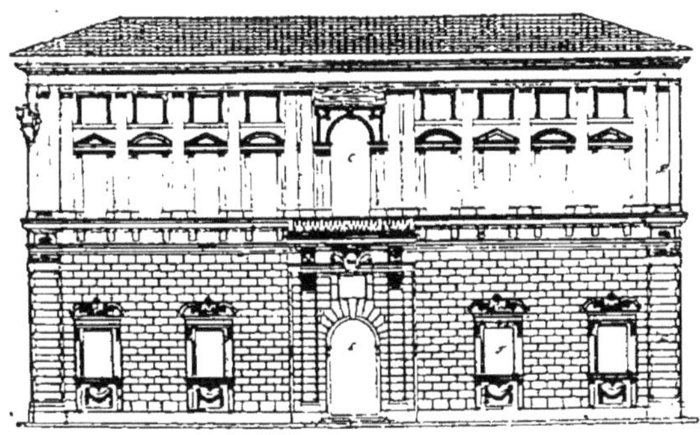

CHAPITRE III

Le style gothique au XIVe siècle et principalement au XVe. Les précurseurs de la Renaissance en France. La Renaissance sous Charles VIII et Louis XII. Revision des bases architectoniques jusqu'à la Renaissance.

En même temps que nous reviendrons ici, plus en détail, sur le style gothique des xive et xve siècles, époques où il touche davantage à notre sujet, nous parlerons à nouveau des précurseurs de la Renaissance française qui se trouveront ainsi dans leur cadre. Nous avons vu les artisans de la première Renaissance italienne, au tour maintenant de nos nationaux. En matière d'architecture, il est convenu que nous nous en remettrons, pour le gothique, à l'éloquence de nos gravures, mais nous ne retournerons pas à la Renaissance franco-flamande où nous retrouverons Claux Sluter, sans avoir noté cependant au passage, deux chefs-d'œuvre entre autres, nés de cette intéressante influence : les hôtels de ville de Louvain (construit par Mathieu de Layens en 1463 et détruit par les hordes barbares allemandes lors de l'envahissement de la Belgique, en 1914) et de Bruxelles, dû à Jacques Van Thienen (1405).

Claux Sluter, sculpteur flamand, est le principal représentant de l'école de Dijon à la fin du XIVe siècle et au commencement du XVe. Philippe le Hardi, duc de Bourgogne, confia au puissant artiste devenu son « ymaigier » en 1390, la plupart des travaux de la Chartreuse de Champmol, dont il sculpta notamment le portail représentant le duc Philippe et Marguerite de Flandre, sa femme, agenouillés aux côtés de la Vierge, et le célèbre *puits de Moïse* (*fig.* 57) avec les statues des prophètes Moïse, Jérémie, Zacharie, David, Daniel et Isaïe. On doit aussi à Sluter le beau *tombeau de Philippe le Hardi*, du musée de Dijon. Son neveu Claux de Werve ou de Vousonne, ainsi qu'un autre « ymaigier », Jacques de Baerze ou de la Barse, furent ses collaborateurs pour cette dernière œuvre, et l'on croit qu'un nommé Jean de Marville

FIG. 23 et 24. — *Panneaux en bois sculpté.*
(Musée des Arts Décoratifs).

lui prêta aussi la main dans l'exécution du portail de la Chartreuse de Champmol.

D'autre part, à la tête de l'école de Tours, d'essence purement française, si florissante au XVe siècle, nous vîmes Michel Colombe (1431-1512), sur le génie duquel nous nous étendrons davantage.

Natif de Tours où il travailla une quarantaine d'années, Colombe qui fut qualifié à son temps, de « prince des sculpteurs français », a donné un chef-d'œuvre : le *Tombeau de François II*, dernier duc de Bretagne et de *Marguerite de Foix*, aujourd'hui dans la cathédrale de Nantes (cul-de-lampe du chap. III). Le musée du Louvre conserve aussi de cet artiste pittoresque et original, un *Saint-Georges* (en-tête du chapitre VI), sans compter un grand nombre d'ouvrages seulement attribués à sa fécondité.

Du côté des peintres, nous reviendrons à Jean Fouquet, qui, lui aussi, honora l'école de Tours. De Jean Fouquet (1410-1480), les beaux *portraits de Charles VII*, du *pape Eugène IV* (dans l'église de la Minerve, à Rome) et de *Juvénal des Ursins* (au Louvre) ; sans oublier un dyptique dont Anvers et Berlin se partagent les volets et un grand nombre de riches miniatures et enluminures. En qualité de peintre et d'enlumineur de Louis XI, il décora le livre d'heures de Marie de Clèves, duchesse d'Orléans, ainsi qu'un manuscrit de Josèphe (Bibliothèque nationale) : les *Antiquités des*

FIG. 25. — *Abside de l'église Saint-Pierre,* à Caen.

Juifs. Mais le chef-d'œuvre de cet artiste reste son célèbre *Livre d'Heures* dont les pages ont été malheureusement dispersées.

Avant de quitter Jean Fouquet, nous donnerons le nom d'un autre excellent enlumineur de la cour : Jean Bourdichon, auteur du *Livre d'Heures de la reine Anne de Bretagne*, conservé à la Bibliothèque nationale. Et, quant à la personnalité de Jean Perréal, un peintre de l'école de Lyon, elle n'est appuyée par aucune œuvre authentique.

Comme nous serions tenté, dans l'entraînement des dates chevauchantes et des beautés solidaires, d'en arriver au XVIe siècle avant d'avoir donné le coup d'œil d'ensemble sur la transition qui nous occupe, nous préciserons et achèverons maintenant le chapitre du meuble gothique.

C'est au XVe siècle que les plus beaux travaux d'ébénisterie ont été exécutés, l'art de sculpter le bois ayant atteint sa perfection. Toutefois, les meubles, s'ils sont plus ouvragés, plus riches que précédemment, suivant en cela la broderie et les formes élancées du style d'architecture, n'accroissent pas en nombre ni en variété. Ce sont des stalles ou chayères ou chaises (*fig*. 26), ressemblant, pour le dossier, à des fenêtres ogivales, bordées de festons, ornées de feuillages renfermant l'écu de quelque prince ou duc ; ce sont des coffres, des châsses, inspirés de la même ornementation ; ce sont des crédences, des meubles à panneaux enluminés, dorés; toutes sortes de recherches luxueuses, enfin, où l'élégance et la légèreté

FIG. 26. — *Stalles.*

dominent dans la sculpture fouillée, touffue, qui, progressivement s'achemine vers l'expression de la nature plus souple (anges, personnages), de ce fait que l'hiératisme religieux a cédé le pas à l'initiative laïque.

Car, jusqu'ici, de même que c'est pour l'église, pour l'abbaye, que les architectes ont déployé tout leur génie, c'est dans ces édifices voués au culte, que nous rencontrerons les meubles les plus admirables et, les châteaux, les palais, n'en connaîtront pas d'autres.

Ce sont des huches devenues des dressoirs, placées qu'elles sont sur des pieds élevés. Huches closes par un couvercle que l'on devait soulever, le dessus du dressoir étant fixe et devenant une sorte de table élevée sur laquelle on exposait des objets d'orfèvrerie ou des faïences. Deux portes à charnières s'ouvrant sur le côté fermaient le dressoir.

Ce sont des coffres ou des stalles d'église, servant à la fois d'armoires et de sièges, que l'on transportait d'une résidence à une autre, et ces meubles sont taillés en plein bois par des huchiers qui sculptent des personnages sous des arcades plus ou moins fleuries de choux frisé, de crochets, etc.

Les lits et les cheminées, aux formes toujours monumentales, ne cessent d'être ornementés dans le goût de l'art ogival. Nous ne répéterons plus, enfin, que l'aspect du meuble gothique est celui, en réduction, de ces immenses nefs de cathédrales aux points d'appui ressemblant à de véritables faisceaux, se divisant en gerbes à la naissance des voûtes pour en former les nervures. Quant à l'intérieur des maisons, pour la plupart construites en bois, les poutres maîtresses laissées apparentes sont couvertes de sculptures : rinceaux de feuillages et de fruits, marmousets, personnages grotesques. Partout des lambris sculptés où, constamment on rencontre — à la fin du

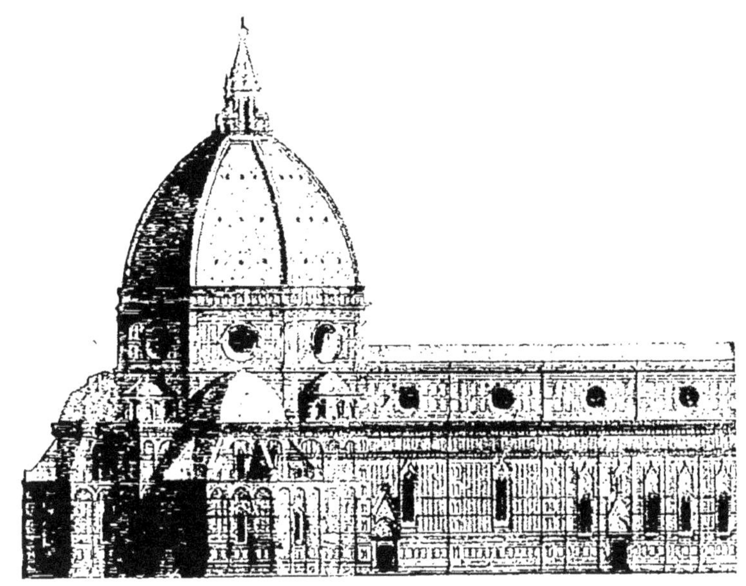

Fig. 27. — *Cathédrale de Florence.*

xve siècle et au début du xvie — le motif dit parchemin ou serviette roulée. Vers la fin du moyen âge, le réalisme s'introduit dans l'art et nous en prenons pour témoins les miniatures de cette époque qui sont d'ailleurs à consulter pour le renseignement complémentaire du mobilier et de la physionomie de la maison, à l'intérieur, avant la Renaissance proprement dite.

Bref, nous en arrivons à la première période de la Renaissance française ou *style Louis XII*. Mais si nous touchons au début du XVIe siècle, nous sommes encore loin du style François Ier qui donnera la note la plus caractéristique de notre art affranchi dans une Renaissance plus pure, dégagée enfin de l'influence gothique autant que de l'indication italienne.

La commodité d'un style Louis XII excuse cette classification, à vrai dire erronée. Le style Louis XII, se confondant en fait dans ce mélange de gothique fleuri et d'ordres gréco-romains qui aboutira à la Renaissance proprement dite, n'existe pour ainsi dire pas, mais il prépare si agréablement à l'éloquence du style de François Ier que l'on finit par le distinguer quand même. Pareillement verrons-nous, après le style de François Ier, le non moins typique style Henri II, mais il faut s'acheminer doucement vers ces périodes plus essentiellement Renaissance et, pour l'instant avec l'étape de Louis XII, nous abandonnons décidément le moyen âge et nous voici au seuil de notre sujet principal.

Préparant le style de Louis XII, Charles VIII, l'un des premiers artisans, ainsi que nous l'avons dit, de l'époque somptueuse que nous entamons, fait appel au talent des architectes italiens Fra Giocondo et Dominique de Cortone, dit le Boccador. D'autre part, c'est un Italien également, qui édifiera le tombeau de ce prince, autrefois à Saint-Denis, et, l'un des plus beaux

FIG. 27 *bis.* — *Le dôme de Florence* (façade).

châteaux de ce temps, le *château d'Amboise*, est aussi dû à l'initiative de Charles VIII.

Puis nous voici au règne de Louis XII où les artistes

italiens travaillent aussi avec les nôtres, à détruire petit à petit les restes de l'architecture ogivale malgré qu'elle persiste encore savoureusement mélangée, spirituellement dénaturée.

Sous Louis XII, s'accuse le détail des ordres romains : oves, denticules, modillons, pilastres, ainsi que les premières importations italiennes : losanges, médaillons, etc. En même temps, les fûts des colonnes coiffées de chapiteaux composites, s'ornent de cannelures droites ou spiriformes ou bien de compartiments ou de bandes en champlevé. Plus de colonnettes, plus de piliers et l'arc en anse de panier se substitue au précédent arc aigu, moins en faveur. Des figures d'hommes et d'animaux se mêlent aux rinceaux de feuillage (la feuille d'acanthe domine) et des médaillons, des entrelacs, occupent tour à tour les œuvres, quelle qu'en soit la dimension.

Claude Seyssel, historien de Louis XII, nous éclaire encore sur la magnificence des édifices publics et privés qui naissent à cette époque : « ... ils sont pleins de dorures, non pas les planchers tant seulement et les murailles qui sont par dedans, mais les couvertes, les toits, les tours et images qui sont par dehors ».

Autres monuments caractéristiques de cette première renaissance: le *château de Gaillon* (*fig.* 56), œuvre des architectes Guillaume Senault et Pierre Delorme, entre autres, des sculpteurs Antoine et Jean

Juste (auteurs aussi du tombeau de Louis XII, à Saint-Denis) et Michel Colombe, et du peintre Andrea Solari,

FIG. 28. — *Cathédrale de Florence* (façade gothique démolie en 1586).

pour les décorations intérieures ; le *château de Blois* (aile dite de Louis XII, *fig.* 55 et suivantes), auquel travailla le « maître maçon » Colin Biart; le *palais de Justice* de Rouen, chef-d'œuvre d'architecture civile gothique, embelli par l'influence d'une Renaissance bien française, bâti sous les rois Charles VIII et Louis XII par Roger Ango et Roland Leroux; l'*église Saint-Maclou* (*fig.* 9), même ville, et tant d'autres créations où le gothique flamboyant calme ses abondantes lignes verticales dans la sobre ligne horizontale, en partageant sa beauté agonisante avec la naissante beauté.

Revisons maintenant le principe esthétique général des styles précurseurs et leur rapport avec les formes géométriques constructives. Cela nous permettra d'apprécier plus exactement les modifications, adaptations et suppressions qui mettent en valeur et distinguent l'esprit architectural de la Renaissance.

Les Grecs montrèrent une grande prédilection pour la combinaison de la *ligne droite* et l'adoptèrent comme type de l'architecture, d'une simplicité, d'une unité et d'une noblesse parfaites.

Les Égyptiens ne connaissaient guère, dans leurs masses, que le triangle et le quadrilatère de ces façades principales, par le triangle des frontons limitant et fermant les combles.

De même que les Grecs, les Égyptiens employèrent la *plate-bande* comme forme constructive fondamentale, à l'exclusion de tout autre système, pour franchir les baies ou ouvertures dans les murs et couvrir les espaces superficiels.

Rome, moins délicate de goût, plus sensible à l'utilité et à la richesse matérielle qu'à l'harmonie calme

FIG. 28 *bis*. — *Palais Strozzi*, à Florence.

précédente, inclina d'autre part à l'imitation des Etrusques, mais avec de plus grands développements, elle ajouta l'*arc de cercle* aux diverses combinaisons rectilignes des arts païen, égyptien et grec.

Le système constructif romain est d'un genre mixte,

un mélange de plates-bandes et d'arcs de cercles. Aussi, dans les styles byzantin et romain, avec le byzantin surtout, l'*arc de cercle* domine dans les baies, dans le couronnement, dans le dôme des édifices.

Leur élément constructif fut le *plein cintre* qui se transforma plus tard en *ogive* dans les styles qui leur succédèrent, tant en Occident qu'en Orient.

On rechercha ensuite, en Orient comme en Occident, les *arcs ogivaux* et les *formes aiguës* ; on sembla se délecter dans les aspérités et les pointes et l'on multiplia le détail jusqu'à la surabondance.

Nous en arrivons au style de la Renaissance qui, lui, adopta avec une faveur exceptionnelle une des dernières formes créées par le style gothique, celle de l'*ellipse*, apparaissant d'abord comme la forme constructive susceptible de permettre l'exécution de larges baies, les portes d'églises, par exemple, que l'on surmontait d'une ogive en accolade, ogive non plus de forme constructive, mais simplement décorative.

La Renaissance, malgré qu'elle ait accepté l'*arc plein cintre*, préféra d'abord l'arc sous-baissé et même surhaussé dont l'ellipse est le type récent géométrique, repoussant ainsi l'arc ogive et pointu. Au surplus, répétons-le, tandis que dans nos constructions ogivales, les lignes verticales l'emportaient sur les lignes horizontales, il faut remarquer au contraire, que ce sont les moulures horizontales qui forment les principaux reliefs à la surface des murs, dans les basiliques et les palais de Rome et de Florence, donnant à ces édifices une physionomie nouvelle.

En cette transformation architectonique, on remarque la disparition des dais, clochetons, flèches

FIG. 29. — *Coupe d'une « grotte » intérieure du précédent palais.*

des clochers, gables, contreforts et pinacles, à quoi les églises et les édifices civils du moyen âge devaient leur aspect caractérisque.

Depuis Louis XII, les édifices civils affectent une forme rectangulaire inédite et, à cette époque seulement ont persisté ces clochetons et pinacles définitivement supprimés, en pleine Renaissance, sur les grands toits percés de lucarnes. Mais nous poursuivrons lorsque nous toucherons à l'apogée de la brillante époque, le chapitre des innovations architecturales qui, pour avoir été inspirées de l'antique, n'en demeurent pas moins d'une fantaisie et d'un esprit des plus originaux.

Nous dirons maintenant quelques mots des caractéristiques décoratives du style du roi Louis XII, dont nous signalerons l'emblème, au passage : un porc-épic et une hermine. Ces caractéristiques résulteraient plutôt d'une hésitation ornementale. Avant la richesse et la profusion qui charmeront sous le règne de François Ier, et après, avec Henri II, on retournera à la sobriété initiale, mais cette fois sans contrainte et avec l'expérience d'une beauté mesurée et essentiellement séparée du gothique.

Le style de Louis XII, donc, se borne à une indication déjà courageuse des caprices décoratifs légers qui suivront. La symétrie guide sagement une ornementation végétale. Les motifs de feuillage se répandent, souples et assez fins, jaillissant souvent, d'un vase situé dans un axe auquel culot et fleurons obéissent ponctuellement comme masse et équilibre. Cette discipline décorative rompt ainsi avec le système gothique qui ignorait à la fois la légèreté, le faible relief et cette symétrie typique sous la Renaissance, aussi bien à ses débuts qu'à son apogée.

FIG. 30. — *Arabesque Renaissance.*

Toutefois, sous Louis XII, on se borne à l'expression végétale et, d'une manière générale, l'ornementation inspirée des arabesques antiques, est plutôt schématique et sèche que désinvolte, les motifs au surplus, manquent de lien, coupés qu'ils sont souvent entre eux par des intervalles nus, ou des oves, des médaillons, losanges, etc.

Il ne faut pas oublier, d'ailleurs, que le château avant François Ier et Henri II ne s'était guère affranchi de sa puissance symbolique.

Le château féodal (voir l'en-tête du chapitre III) avec ses tours à créneaux, avec ses toits en poivrières, avec ses clochetons, tourelles et ses fossés belliqueux, ne se débarrassa que progressivement des entraves du moyen âge et il ne consentit à sourire que grâce à des additions successives de décor, à des transformations constructives partielles jusqu'à sa métamorphose riante. L'image du château-fort, maussade et massif, plane donc encore sur l'époque de Louis XII (voir l'en-tête du chapitre V), malgré néanmoins son geste, très net déjà, d'émancipation. Mais c'est là à la fois le privilège et le désavantage des précurseurs, ils montrent seulement le chemin de la nouveauté dont ils ont le bénéfice et les ressources de l'audace appartiennent seules à leurs successeurs.

Néanmoins, pour en revenir au château du moyen âge avant qu'il ne disparaisse, de même que les cons-

FIG. 31 et 32. — *Panneaux de bois sculpté.*
(Musée des Arts Décoratifs.)

tructions civiles vont maintenant prendre le pas de la beauté sur les édifices religieux, sous l'empire de mœurs et idées différentes, nous voyons donc poindre davantage de sécurité à cette heure. Et, de même que la fonction crée l'organe, les formes de l'architecture se renouvellent sous l'impulsion des aspirations et soucis différents. Après le démantèlement du château-fort, à l'extérieur, voici, ainsi que le fait observer René Ménard, que les escaliers dérobés, les longs couloirs obscurs, tout ce qui tenait à la vie rude et mystérieuse du moyen âge, s'effaça peu à peu.

CHAPITRE IV

La Renaissance à la fin du XVe siècle et au XVIe en Italie, en Allemagne, en Flandre et en Espagne.

Nous avons abandonné l'art de la Renaissance en Italie, entre les mains des précurseurs de la fin du XIVe siècle et du milieu du XVe ; nous parlerons maintenant de l'éclosion, de l'expression la plus éclatante de cette radieuse époque, à la fin du XVe siècle et au XVIe.

En architecture, ce sont Palladio, Vignole et Serlio, ces deux derniers que nous retrouverons à la cour de François Ier, qui poursuivront l'œuvre de Bramante.

Andrea Palladio (1518-1580), héritier de Bramante et de Michel-Ange dans la construction de Saint-Pierre de Rome, édifia à Vicence, son pays natal, les *palais Chiericado*, *Tiene* et *de la Délégation*, termina la façade du *palais de Campo-Marzo*, à Florence, ainsi que l'*Hôtel de ville* de Feltre et donna les plans, à Venise, du somptueux *palais Foscari*. On doit encore à Palladio un considérable *Traité de l'Architecture* en quatre volumes.

Quant à Vignole (Jacques Barozzio dit) (1507-1573), malgré plusieurs constructions comme le *palais ducal*, à Plaisance ; la villa de Jules III, à Rome, l'église *Sainte-Marie-des-Anges*, à Assise, et malgré aussi qu'il succéda à Michel-Ange, ainsi que Palladio, dans les travaux de Saint-Pierre, il demeure plutôt le savant théoricien du *Traité des cinq ordres d'Architecture*.

Sebastiano Serlio, lui (1475-1554?), auteur également d'un *Traité d'Architecture*, si on ne lui attribue guère que divers ouvrages à Bologne, sa ville natale ; à Venise et à Fontainebleau où il mourut, il faut retenir parmi ses inventions si imitées, dans la suite, les colonnes rustiques et certaines gaines en forme de paniers. Mais, les réminiscences de l'antique, lourdes, pompeuses et froides, dues à Serlio et surtout à Vignole, exercèrent une influence aussi grande que fâcheuse sur notre art même, tandis que Palladio montra la voie d'une richesse décorative, d'une originalité qui demeurent d'une harmonie caractéristique.

Cependant il est juste de laisser à Vignole et à Palladio le bénéfice de la personnalité d'un ordre dit *colossal*, c'est-à-dire d'un ordre unique embrassant les divers étages d'une façade. Exemple : le *palais Valmarana*, à Vicence, œuvre de Palladio.

Fig. 33. — *Panneau de bois sculpté.*

Autres architectes remarquables : Sansovino, qui fut aussi sculpteur, auteur notamment, de la belle *église Saint-Jean-Baptiste*, à Rome; Baldassere Peruzzi, continuateur des principes de Bramante au *palais Massimi*, à *la Farnesine* à Rome; Antonio San Gallo, Scamozzi, etc., sans oublier le génial Michel-Ange auteur du remaniement de la place du Capitole, de l'entablement du palais Farnèse, à Rome, à qui l'on doit encore la célèbre coupole de

Saint-Pierre de Rome dont il avait continué les travaux, Michel-Ange que nous retrouverons parmi les peintres mais avec plus d'éclat encore comme sculpteur.

Nous ne quitterons pas Michel-Ange architecte, sans parler de sa contribution à la création du style *baroque*. Le Bernin (1598-1680), le Borromini (1599-1667) accentueront par la suite l'exubérance, le délire de la grandeur qui devaient marquer la décadence de l'architecture, sinon de l'art tout entier de la Renaissance, sous le nom de style baroque. D'ailleurs, le génie de Buonarroti, débordant d'enthousiasme dans la forme et l'expression (nous parlons plus loin de ses peintures et sculptures), devait fatalement induire en erreur ses successeurs qui ne saisirent de sa manière somptueuse que les déchets.

Complétons maintenant les acquisitions architectoniques propres à la Renaissance italienne et, en même temps, ses réminiscences. Dans les églises, les coupoles antiques, simples ou superposées, réapparaissent et dominent. On inaugure le campanile, les fenêtres sont coiffées d'un fronton triangulaire ou arrondi et uniquement décoratif, et les baies sont disposées sur la façade, d'accord avec les ornements antiques, avec une symétrie qui ne renseigne point sur les dispositions intérieures du monument comme à l'époque gothique. Des niches, des pilastres, des colonnes, etc., jouent sur la muraille extérieure tandis qu'intérieurement, des fresques et des marbres de couleur sourient dans une lumière moins mesurée maintenant. A l'extérieur, encore, des placages de marbre, de pierre ou de terre cuite s'ajoutent à la décoration, et les anciens arcs-boutants ont disparu.

FIG. 34. — *Panneau de bois sculpté.*

Au XVIe siècle, la superposition des trois ordres distingue les façades. Le style *Jésuite*, vers la fin de ce même siècle, apparaît pour s'étendre néanmoins, plus largement, au siècle suivant. De même pour les lanternes qui surmontent la coupole des églises, ces coupoles percées d'un œil. Dans les palais, des galeries donnent sur une cour intérieure richement parée.

Ces galeries sont voûtées et décorées de peintures ou de sculptures. Au rez-de-chaussée, des bossages sans aménité font valoir l'agrément ornemental des étages supérieurs que des pilastres superposés accompagnent et qu'une vaste corniche couronne. La cheminée a perdu sa hotte, des coupoles la supportent, et les plafonds sont à caissons.

La villa est typique, avec ses jardins majestueux, architecturalement construits et plantés, avec ses terrasses qui suppriment la toiture et, d'une manière générale, si les constructions italiennes dédaignent les accidents capricieux et charmants dont nous sûmes agrémenter nos façades : décrochements, tourelles, escaliers extérieurs, tuyaux d'écoulement, etc., elles ne se font pas faute de tomber, parfois, dans certaine emphase décorative non exempte de critique. Des dessins (graffites), des peintures, des faïences, des stucs, des mosaïques aux couleurs vives, luttent dans l'ensemble de l'ornementation avec un empressement d'une délicatesse souvent répréhensible qu'il appartiendra à notre goût français de mettre au point, ou mieux, de nationaliser.

Mais il faut dire cependant l'enthousiasme délicieux et spirituel, la fantaisie étourdissante de cette Renaissance italienne qui forme un tout si savoureux. Qu'est devenue l'architecture selon Vitruve dans ce débordement de verve, dans cette profusion de richesse et

FIG. 35. — *Arabesque Renaissance.*

de jeunesse ! Voyez les délicieuses fontaines de Rome, de Florence ! Voyez les élégantes colonnes, ces ponts et ces arcs légers, quel rapport éloigné ils ont avec les anciens ouvrages romains ! Admirez le Campo-Santo (cimetière) de Pise, construit par Giovanni Pisano, au XIIIe siècle, si riant malgré sa funèbre destination, avec ses belles fresques dues à des artistes toscans des XIVe et XVe siècles, avec ses remarquables morceaux de sculpture. Et les campi-santi de Ferrare, de Brescia, de Bologne, ces autres temples de la mort, ne sont pas moins attrayants, grâce à l'art somptueux qui idéalise les tombeaux. Aussi bien la gravité des monastères italiens rayonne sous le pareil miracle des fresques et des vitraux, des marbres et des dorures. Jamais les artistes n'ont sollicité avec tant d'empressement la belle matière qui, sous leurs doigts merveilleux, n'aura jamais été aussi docile. Et, c'est à cette fièvre de production, à ce bouillonnement créateur jusqu'au débordement, que nous mesurerons les mérites du dosage, de la sobriété dont notre génie original s'imprégna d'après le tumultueux et excessif exemple italien.

Après les architectes, nous examinerons les peintres. Nous marchons de splendeur en splendeur. Les noms de Léonard de Vinci, de Raphaël, de Michel-Ange éclairent notre plume.

Léonard de Vinci (1452-1519), peintre, sculpteur,

architecte, musicien et ingénieur; Raphaël Sanzio (1483-1520), peintre et aussi architecte et sculpteur; Michel-Ange Buonarroti, sculpteur, peintre, architecte et poète (1475-1564), tous trois solidaires de l'école de Milan, sont des génies incomparables.

Fig. 36. — *Panneau de bois sculpté.*

Léonard de Vinci que nous verrons mourir en France où François Ier l'avait appelé, demeure surtout aux yeux de la postérité un peintre et un savant prodigieux, malgré que l'Italie du XVIe siècle ait surtout goûté en lui le sculpteur et l'ingénieur. Mais nous nous bornerons à célébrer ce brillant pinceau dans l'énumération de ses chefs-d'œuvre. C'est la *Vierge aux rochers*, l'*Annonciation*, le *Saint-Jean-Baptiste*, la

Joconde et la *Belle Ferronnière* au Louvre ; l'*Adoration des Mages*, aux Offices de Florence ; c'est la *Cène* du réfectoire de Sainte-Marie-des-Grâces, à Milan, et tant d'autres pages où le sentiment s'estompe dans un clair-obscur, dans un moelleux d'effet saisissant et merveilleux. Après l'expression du Vinci basée sur le réel pour atteindre l'idéal, voici la figure sereine de Raphaël Sanzio. Raphaël dont les chastes madones sont typiques, si gracieusement accompagnées en leur suavité par un coloris plus délicat que puissant, mais toujours si parfaitement dessinées : la *Vierge à la Chaise* du palais Pitti ; la *Vierge au chardonneret*, à Florence, la *Vierge de Foligno*, au Vatican, la *Vierge dans la prairie*, à Vienne, la *Belle Jardinière*, au Louvre, etc. Raphaël dont il ne faut pas méconnaître cependant la force à côté du charme, témoin les amples fresques du Vatican et les solides portraits, ceux notamment du comte *Balthazar Castiglione* et de la *Fornarina*, tous deux au Louvre.

Les peintures de Raphaël qui « représentent la plus belle fleur de cette alliance de l'Antiquité et du Christianisme qui se faisait à l'ombre du Saint-Siège », Raphaël cet artiste divin qui, dit excellemment H. Fortoul, trouva si bien le point où le génie d'Athènes et celui de l'Italie moderne se rencontraient...

Puis, voici la puissance de Michel-Ange qui tonne avec les décorations de la voûte de la chapelle

Sixtine, avec le *Jugement dernier!* Œuvres colossales où la forme se tord dans le jaillissement des muscles,

Fig. 37. — *Panneaux de bois sculpté* (Musée des Arts Décoratifs).

dans la grandeur d'une conception éminemment décorative.

Sans insister, ensuite, sur Jules Romain, élève de Raphaël, succombant dans l'ombre de son maître au maniérisme et à la convention (Jules Romain, architecte également et auteur, comme tel, du palais du Té des Gonzague, à Mantoue, qu'il décora), après Daniel de Volterre, Sébastien del Piombo, disciples déroutés par l'exemple gigantesque de Buonarroti, après Jean d'Udine, voici le Titien dont la palette est resplendissante. Titien (1477-1576), créateur du paysage, genre inconnu aux anciens, avant que les Carrache et le Dominiquin ne s'y illustrent, Titien gloire de l'école de Venise, en reflète tout le chatoiement, avec des toiles comme la *Déposition du Christ*, au Louvre, l'*Assomption de la Vierge*, à Venise, la *Vénus* dite *au petit chien*, à Florence, les *Sainte Famille*, de Paris (*fig.* 81) et de Naples; l'*Adoration des bergers*, à Berlin; avec tant de beaux portraits, ceux notamment de *Charles-Quint*, à Madrid, de *François* Ier, au Louvre ainsi que l'*Homme au gant!*

La vigueur du coloris de Titien revit encore dans le Giorgione pour resplendir à nouveau avec Paul Véronèse (1528-1588), autre gloire de l'école vénitienne dont les *Noces de Cana*, au Louvre, dont la décoration du palais des Doges, à Venise, sont d'une richesse, d'un style, d'une harmonie et d'une lumière caractéristiques.

C'est, encore dans l'école de Venise : Tintoret (1512-

1594), improvisateur fougueux, génie inégal et divers

Fig. 38. — *Décoration Renaissance.*

et, tandis que l'école de Parme nous donne le nom de

Corrège (1494-1534), au pinceau gras, léger, et moelleux, Corrège qui traduisit les chairs des femmes et des enfants avec une morbidesse exquise, nous passerons aux émules de l'école de Florence : Andrea del Sarto (1486-1531), Fra Bartolomeo (1469-1517).

Del Sarto compte parmi les artistes italiens mandés en France par François Ier. Son œuvre, inspiré à la fois de Léonard de Vinci pour la caresse des modelés, et de Bartolomeo pour la composition des sujets et les fonds d'architecture, est remarquable par l'originalité du charme et du style autant que par la séduction du coloris. Quant à Bartolomeo, il compte parmi les plus brillants génies de son temps, grâce à l'expression émue de ses peintures, d'une science et d'une sensibilité exquises.

Il faut noter que c'est à Venise que brillent les derniers grands peintres italiens, à côté de Michel-Ange dont la gloire, à partir du milieu du XVIe siècle, persiste seule. Il est intéressant de constater aussi combien l'amour de la Nature l'emporte, dans les chefs-d'œuvre italiens, sur le sentiment religieux! Combien les ravissantes Madones de Raphaël sont femmes malgré leur auréole! Combien la puissance des Titans de Michel-Ange nous ramène à la vérité humaine!

Deux mots, enfin, de la sculpture au XVIe siècle. Voici à nouveau et en première ligne Michel-Ange, colosse immortel comme les surhommes qu'il créa dans une emphase, dans une exubérance musculaire nées de sa vision géniale.

FIG. 39. — *Panneaux de bois sculpté* (Musée des Arts Décoratifs).

Michel-Ange ignora la grâce. Il conçut la femme comme l'homme, décorativement, architecturalement, témoin les statues allégoriques du *Jour* et de la

Nuit, du *Crépuscule* et de l'*Aurore* qui ornent les sarcophages des Médicis (*fig.* 84), dans la basilique de Saint-Laurent, à Florence, figures surhumaines, d'un caractère à la fois sublime et farouche.

Citons encore, parmi les éclatants chefs-d'œuvre de Buonarroti : une *Vierge* assise avec l'enfant Jésus, une *Pieta* (rares statues de grâce et de douceur échappées à ce ciseau puissant), les deux *Esclaves*, au Louvre, d'une tournure si poignante, le magnifique *Moïse* (*fig.* 85), *David*, le *Génie de la Victoire*, au musée de Florence, et tant d'autres mâles et dramatiques expressions où revit la meilleure forme des Grecs magnifiée d'un souffle chrétien.

Après Michel-Ange, qui, nous l'avons dit, détermina malheureusement la dernière évolution architecturale de la Renaissance, dans le sens fatal à la dernière étape de l'art ogival, et peignit le splendide ensemble des fresques de la chapelle Sixtine, nous répéterons le nom de l'architecte Sansovino, sculpteur, cette fois, dont la simplicité et le charme nous fournissent un heureux contraste avec la puissance farouche précédente.

De Sansovino : les statues colossales de *Mars* et de *Neptune*, au palais des Doges, les *Quatre Évangélistes*, à Venise, un *Saint-Jacques*, à Rome.

Et puis, sans insister sur Badio Bandinelli, pseudo-Michel-Ange, au style déclamatoire, après Riccio, décorateur prestigieux, après Ammanati imitateur encore des fortes musculatures de Buonarroti, meilleur architecte avec le palais Rucellai (aujourd'hui Ruspoli, à Rome) que statuaire avec son *Neptune*, de Florence, voici Jean de Bologne, 1524-1608 (un sculpteur flamand qui s'était fixé à Florence où il mourut). Jean de Bologne, élégant décorateur jusqu'au maniérisme, certaines fois, auteur du célèbre groupe de trois figures qui orne le portique de la loge *Dei Lanzi*, de *Samson vainqueur des Philistins*, autre groupe, des statues du *Nil*, du *Gange*, de *l'Euphrate*

FIG. 40. — *Panneau de bois sculpté.*

(pour une des fontaines du jardin Boboli, à Florence), de la *Renommée* du Musée du Louvre, etc.

Le nom de Benvenuto Cellini (1500-1571), clôt enfin, brillamment, cette brève énumération des maîtres du ciseau, au XVIe siècle. Benvenuto, sculpteur, graveur et ciseleur, connut aussi la gloire en France, à la cour de François Ier. La ciselure, principalement, lui doit des chefs-d'œuvre de verve, de finesse et d'esprit, malheureusement en partie disparus. Citons du sculpteur : *Persée coupant la tête de Méduse*, un *Christ*, la *Nymphe de Fontainebleau* pour François Ier, etc.

Benvenuto, d'autre part, fut un médailleur émérite. Digne continuateur de Pisanello, il a donné de remarquables médailles *artistiques* ainsi que ses contemporains : Jacques Primavera, Matteo del Nassaro, Benedetto Ramelli qui prodiguèrent avec lui, en France, sous François Ier, leur rare talent.

Nous allons dire maintenant quelques mots des arts décoratifs en Italie. Cette étude générale servira d'amorce à celle que nous entreprendrons plus loin lorsque nous parlerons de la Renaissance française. Aussi bien, nous développerons en France, selon le plan de notre travail, ces éléments et liens d'architecture, de peinture et de sculpture qui s'épanouiront alors sous l'influence de notre génie national.

S'il importe de ne point perdre de vue que le ferment de la beauté qui nous occupe est originaire de la patrie de Dante, nous tendrons plutôt ici à ramener en France l'intérêt de cette somptueuse indication

Fig. 41. — *Panneaux de bois sculpté.*

esthétique pour en dégager équitablement les résultats qui nous touchent davantage. C'est dans une pensée d'équité que nous avons donné le pas, dans nos chapitres, à l'Italie sur la France, mais avec une intention non déguisée d'insister sur la personnalité et le goût supérieur de notre art français.

Du côté de la céramique italienne, donc, les villes d'Urbino, de Faenza, etc., se distinguent par la fantaisie harmonieuse de leurs *majoliques* et, d'autre part, Gubbio et Pesaro poursuivent avec éclat la fabrication des faïences métalliques hispano-moresques. Les grotesques, les arabesques, les mascarons, les têtes de femmes entourées de banderoles, les sujets mythologiques, fleurissent les plats, les vases, dans les tonalités dominantes du jaune, du bleu et du vert éclatants.

D'une manière générale d'ailleurs, l'ornementation s'inspire du rinceau antique converti en fines arabesques dans une fantaisie où des oiseaux, des corbeilles de fruits, se composent avec des mascarons grotesques. C'est là la manifestation du décor dit « à grotesques » (de l'italien *grotteschi*, ou décor des grottes).

Les arts de la verrerie, de la mosaïque et de l'émail ne sont pas moins favorisés dans l'essor unanime de la beauté. La verrerie de Venise est surtout réputée et, alternant avec la fresque si en vogue, la tapisserie, grâce aux cartons prestigieux de Raphaël, du Titien, de Jules Romain et *tutti quanti*, fait merveille.

Fig. 42. — *Décoration Renaissance.*

Solidaire de la gravure en médailles, la niellure, l'incrustation, la ciselure des armes participent à ce magnifique élan où la ferronnerie encore se distingue parallèlement à l'orfèvrerie.

Les luxueux tissus également se développent et prêtent au costume une magnificence jusqu'alors inconnue. Le velours, la soie, les étoffes tissées d'or et d'argent sont les atours préférés des deux sexes. Le vitrail, enfin, ne témoigne pas moins d'entrain que les précédentes pratiques.

Touchons maintenant deux mots du meuble italien sous la Renaissance. Nous reverrons en détail cette matière ainsi que plusieurs autres seulement effleurées ici, lorsque nous parlerons de la Renaissance française qui, en participant de l'art italien, a réalisé, ainsi que nous le savons, un modèle essentiellement typique auquel nous nous arrêterons de préférence.

Entre le meuble italien et le meuble français, — on pourrait dire aussi bien : entre l'architecture italienne et l'architecture française, il y a toute la nuance de la mesure et du goût. Le plus souvent, la richesse du meuble italien est tapageuse. Elle triomphe dans l'abondance des ornements et le brio de la couleur, dans l'entraînement d'une habileté de facture et d'une fantaisie ornementale extraordinaires suscitées par la création du mobilier permanent.

Les meubles sont devenus alors moins déplaçables,

FIG. 43. — *Panneau de bois sculpté* (Musée des Arts Décoratifs).

et ils connaissent des attentions décoratives que les coffres ou arches, que les tables et sièges pliants, que les lits démontables du moyen âge ignoraient. Et la mode d'incruster les meubles de toutes sortes, avec de l'ivoire, de l'os ou de la nacre, se répand avec une profusion à la fois charmante et dangereuse, selon qu'elle dépasse ou non le but de discrétion riche qu'elle se propose.

Nous renvoyons le lecteur au mobilier de la Renaissance française pour le détail notamment, du meuble, semblable, en somme, sinon dans son décor du moins dans ses grandes lignes, au meuble italien qui fut son modèle initial.

Fig. 44. — *Plat en argent repoussé et ciselé.*

Après quoi nous terminerons ce chapitre, par un coup d'œil en Flandre, en Allemagne et en Espagne, au XVIe siècle.

La peinture flamande est alors représentée par Pierre Breughel (1530 ?-1600) dont les kermesses et les beuveries sont d'une composition réjouissante et d'une exécution raffinée, bien nationale à l'encontre de tant d'autres expressions fâcheusement altérées

FIG. 45. — *Motifs de sculpture* (sur pierre) provenant du château de Gaillon.

par l'exemple italien mal assimilé. Jean Mostaert, Quentin Metsys, demeurent également fidèles au style de leur sol natal et, pareillement le Hollandais Lucas de Leyde, peintre et principalement graveur.

Les tapissiers flamands, d'autre part, déjà si fameux au XVe siècle, prospèrent encore à Arras, Tournai, Bruges, à Bruxelles notamment, où leurs ateliers sont célèbres malgré qu'ils abdiquent leur personnalité au contact de l'influence italienne que les cartons d'artistes de ce pays propagent.

FIG. 46. — *Assiette de Bernard Palissy.*

L'architecture flamande, encore solidaire de l'art ogival flamboyant, sacrifie néanmoins au style Renaissance avec des chefs-d'œuvre comme les hôtels de ville d'Anvers et de Gand, notamment (si cruellement éprouvés par l'invasion teutonne en 1914) et, en Allemagne, la tradition architecturale gothique ne persistera pas moins avant l'adoption d'un style renaissance plutôt lourd et morne.

On sent que les arts dans les Flandres, à cette époque, croissent en raison de la richesse de ces pays débordants d'abondance, alors qu'en Espagne, la misère ronge le peuple. La cour de Philippe II est sans éclat, et le faste de Charles-Quint n'a son retentissement que chez les nobles. Cela explique la gaîté exu-

FIG. 47. — *Ensemble de panneaux*, etc., *en bois sculpté.*

bérante d'un Breughel à côté de la vérité morne imitée d'un Caravage.

De Flandre nous passerons en Allemagne où le

génie d'Albert Dürer (1471-1528), de Hans d'Holbein et de Lucas Cranach, rayonne.

Dürer, peintre dessinateur et graveur doué d'une puissante imagination, teintée de mélancolie, dans un réalisme impétueux et étrange, Dürer dont les tableaux religieux comme l'*Adoration des Mages* (au musée des offices à Florence) ; les *Quatre apôtres* (au musée de Munich), la *Crucifixion* (au musée de Dresde) sont des pages de grandeur et de force, et dont les estampes (le *Chevalier et la Mort*, *Mélancolie*, l'*Apocalypse*, la *Grande Fortune* ou la *Némésis*, etc.), supérieures par la couleur où son pinceau réussit médiocrement, atteignent une richesse d'expression peut-être plus frappante encore. D'ailleurs, A. Dürer qui fit aussi œuvre de sculpteur et d'architecte, demeure surtout un dessinateur extraordinaire.

FIG. 48. — *Faïence Italienne.*

Avec Holbein, nous goûtons un souci supérieur de beauté et d'élégance jointes à une pureté qu'ignore l'âpreté fougueuse du maître précédent. Fils de Holbein le Vieux, Holbein le Jeune (1497-1543) est le plus grand peintre de l'Allemagne avec Dürer. On lui doit notamment un *Érasme écrivant* (au Louvre), une *Adoration des Mages* (à la cathédrale de Fribourg), la

Fig. 49. — *Ensemble d'ornements sculptés* (bas-reliefs, etc.). (Musée Jacquemart-André.)

Vierge au bourgmestre Meyer (à Bâle), *Sainte Ursule* (au musée de Carlsruhe); sans oublier des fresques superbes, une admirable suite de portraits scrupuleusement pensés et dessinés, au crayon, des illustrations d'une étourdissante fantaisie (l'*Éloge de la folie*, la *Danse des Morts*) où l'esprit le plus mordant domine le sujet macabre, etc. Holbein, réaliste poignant avec le *Christ mort* (à Bâle), atteint à la grandeur par la sincérité, et son œuvre est parfumé d'un sentiment recueilli et noble où passe un peu l'influence du charme italien, tandis que celui de Dürer repousse farouchement cette intrusion.

Après Dürer et Holbein, la personnalité de Lucas Cranach dit l'Ancien (1472-1553), s'impose, mais dans une expression différente. Assez proche, comme art, de Dürer, il s'en éloigne par la finesse et la légèreté de sa manière, par la grâce et la suavité dont ses nus surtout témoignent. Citons parmi l'œuvre considérable de Cranach : le *Crucifiement*, le *Miracle du serpent d'airain*, une *Vénus* (au Louvre), des *Èves*, des *Lucrèces*, un *Messie vainqueur de la mort; Diane et Apollon*, de beaux dessins et gravures, etc.

Glissons sur le talent brillant mais superficiel de Lucas Cranach le *Jeune*, fils du précédent et imitateur de son père et de Dürer, et arrêtons-nous encore à la personnalité distinguée de Burgkmair (1473-1531), Burgkmair, l'un des plus actifs promoteurs de la Renaissance en Allemagne, excella surtout dans la représentation des scènes de chevalerie. On cite parmi ses œuvres les plus réputées : le *Christ au Jardin des Oliviers;* l'*Adoration des rois;* le *Martyre*

FIG. 50. — *Motifs de sculpture et d'architecture Renaissance.*

de Sainte Ursule; Saint Jérôme, des portraits, ceux, notamment, du peintre et de sa femme, du duc Guillaume IV et de sa femme (au musée de Munich) ; etc.

tableaux où la manière de Dürer voisine avec celle des maîtres italiens. Burgkmair fut aussi un graveur distingué.

Du côté de la sculpture, l'influence de l'antiquité rénovée à la manière italienne, ne semble pas avoir triomphé davantage du réalisme en Allemagne et la peinture y est surtout florissante. Cependant, le *Tombeau de Saint-Sébald*, à Nuremberg (exécuté entre 1508 et 1519) met en valeur le nom de Pierre Vischer, et celui d'Adam Krafft mérite aussi d'être retenu, au XVIe siècle.

Contrairement à l'élan plutôt voluptueux dont les Italiens et les Français font foi : peu ou point de nudités dans l'art des Allemands de la Renaissance. La grâce féminine, décidément, échappe à ce peuple qui s'en voudrait aussi de dévêtir Apollon. Les vertus germaines sont plutôt robustes et austères : leur fantaisie réside en l'encombrement ornemental, leur esprit tient en la complication et la difficulté matérielle plus ou moins résolue.

Nous n'insisterons donc pas sur l'art décoratif allemand qui accuse simplement à cette époque, dans la lourdeur et le goût amoindri, les délicatesses de la Renaissance italienne. Ce ne sont pas ses horloges écrasées sous une ornementation richement fouillée, d'ailleurs typique puisqu'elle trahit son origine dans la profusion des détails, qui modifieront notre jugement et, ses vases obèses, ses bijoux confus, ne sont pas moins caractéristiques de l'esprit décoratif des Teutons.

Néanmoins, les cabinets allemands furent recherchés autant que ceux des Italiens. Abondamment recouverts de marqueterie, leur beauté grave mérita ce succès et il faut constater pourtant, la lenteur avec laquelle l'Allemagne se plia au goût de la Renaissance qui ne pénétra chez elle qu'à la fin du xvie siècle.

Même observation pour la Flandre et la Hollande, qui,

Fig. 51. — *Fontaine.*
(Musée Jacquemart-André.)

en revanche, furent plus longtemps fidèles que tous les autres pays à l'art de la Renaissance. S'il nous est loisible, dans une certaine mesure, de reconnaître l'architecture, les meubles et objets d'art italiens de la Renaissance, aux défauts de leur qualité, c'est-à-dire, répétons-le, à une expression de beauté excessive qui altère sa légèreté dans la mièvrerie, à son délire de richesse qui confine à un manque de discrétion, nous pourrons également distinguer l'art décoratif allemand de celui de la Renaissance à cette pesanteur générale et à l'excentricité ornementale qui résulte d'une abondance fâcheuse et sans choix des détails[1].

Pareillement, l'art décoratif espagnol est-il inséparable de quelque lourdeur jointe cette fois à une boursouflure caractéristique[1]. Boursouflure que l'œuvre sculptural, fort remarquable d'ailleurs, d'un Alonso de Berreguete, n'est pas fait pour contredire. Il est vrai que Berreguete fut élève de Michel-Ange et, le ciseau des maîtres espagnols, à cette époque, a montré dans le bois, de préférence, dans les stalles, autels, portails

1. Et cependant, il faut admirer la silhouette pittoresque et délicate des cités de la vieille Allemagne qui s'appellent Nuremberg, Augsbourg, Francfort, dont les maisons sont souvent ornées de peintures dues aux plus grands maîtres. Nuremberg se montra en Allemagne la rivale de Florence, et ce furent des princes comme Maximilien qui encouragèrent les arts, à l'époque.

FIG. 52. — *Cheminée du château d'Anet*, par Germain Pilon.
(Musée du Louvre.)

et statues, une étonnante fécondité jointe à une extraordinaire maîtrise. Pareillement, en Flandre, la sculpture sur bois fit merveille sous le ciseau, par exemple, d'un Hermann Glosencamp, auteur de la fameuse cheminée du Palais de Justice de Bruges.

Aussi bien nous ne manquerons pas de joindre à ces observations distinctives, celle du décor national dont chaque peuple est en, quelque sorte, esclave. N'oublions pas enfin, la relation artistique des races qui nous vaut, par exemple, dans l'art décoratif, une analogie frappante entre les Flamands, les Allemands et les Suisses.

Nous terminerons par un coup d'œil sur l'art espagnol, coup d'œil d'autant plus rapide qu'il faut attendre le XVIIe siècle pour assister à l'éclat de son réveil. Au XVIe siècle, la lutte de l'art classique contre l'art ogival est encore plus violente qu'en France et, avant de succomber au style baroque, l'Espagne, grâce à Philippe II, marque ses préférences à la rénovation. Le palais de l'Escurial représente en effet, le triomphe du style classique sur le style national et l'Angleterre, avec l'architecte classique Inigo Jones, sous Jacques Ier, obéit à l'impulsion générale[1].

1. En Angleterre, les styles Tudor, Elisabeth (Elizabethan style) et Stuart avaient alors curieusement marqué leur passage. Le premier date de la fin du règne de Henri VII. Il rompit avec le style gothique dans la profusion décorative, l'abondance des

Fig. 53. — *Façade du château d'Anet.* (A l'École nationale supérieure des Beaux-Arts de Paris.)

Mais avant d'en arriver à cette dernière expression, il faut discerner une curieuse étape d'architecture : celle où le gothique espagnol associé au gothique flamand nous donne, dans la première moitié du XVIe siècle, le style *plateresque*, c'est-à-dire imité des ornements usités dans les belles pièces d'orfèvrerie.

Un grand nombre de portails d'églises et de tombeaux représentent somptueusement cette erreur d'adaptation décorative.

Quant aux autres arts espagnols, il faut attendre la venue de la grande école de Séville, pour les admirer plus sincèrement. D'ores et déjà nous savons leur inspiration italienne et flamande.

Et, c'est l'esprit hollandais qui, à défaut d'originalité créatrice, dominera en Russie, dans les États scandinaves, sous l'inspiration singulièrement mâtinée des artistes allemands et italiens appelés à produire dans ces pays.

Nous achèverons ici, notre aperçu des expressions esthétiques à l'entour de la France, dont l'art, plus

baies, le déchiquetage des silhouettes, en aplatissant les arcs. Le second, né sous les auspices de la fille de Henri VIII, mêla non sans agrément le style Tudor avec le style classique. Il fut plutôt un compromis architectural italo-gothique. Œuvre de John Thorpe, ce dernier mode constructif ainsi que le style Stuart, assez pittoresque dans sa désinvolture, précéda le style pompeux dit « à la Palladio » de Inigo Jones.

spécialement va nous intéresser. Maintenant que nous en avons défini les influences nous en dégagerons plus aisément l'originalité.

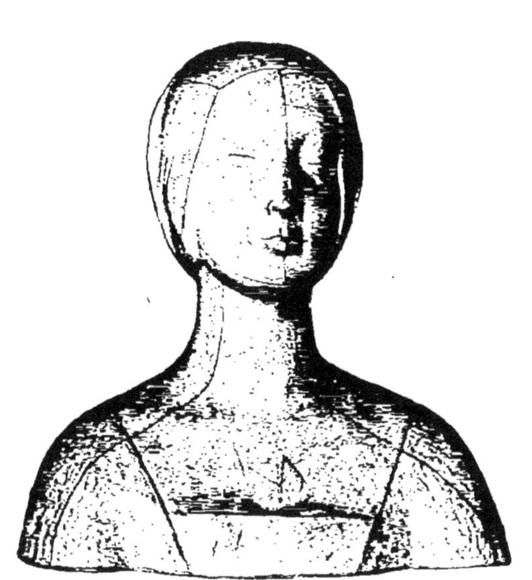

CHAPITRE V

La Renaissance en France. Le Style François Ier : l'Architecture sous François Ier et Henri II.

Nous avons examiné le style de Louis XII ou de transition entre l'art ogival et la Renaissance, nous aborderons maintenant le style de François Ier qui est le plus caractéristique de la Renaissance. C'est donc la seconde période de cette radieuse époque que nous allons étudier maintenant en cet épanouissement qui inaugure ce que l'on est convenu d'appeler la Renaissance classique. Sous François Ier, le roi, a-t-on dit, de la Renaissance, le style qui nous occupe a conquis toute son indépendance dans une fraîcheur, une gaîté et une jeunesse que notre génie national a faites siennes. Tout au moins ne gardons-nous plus, dès lors, de l'exemple italien, que le décor et, avons-nous refréné ce décor dont la grâce et la vie nous appartiennent en propre. D'ailleurs, si François Ier a mandé d'Italie les architectes Serlio et Vignole, disciples fervents de Vitruve et de Palladio, les architectes français Jean Bullant, Philibert Delorme et Pierre Lescot, qui tous trois ont appris les principes de leur art au pays de Dante, ne brillent pas d'une flamme moindre. On peut conjecturer dès lors, que notre contribution inventive dut contrebalancer nettement l'importation étrangère et, finalement, notre goût l'emporta.

Nous ne reviendrons plus sur le caractère plutôt civil de l'architecture Renaissance, étant donné que l'art gothique, maintenant répudié, a cristallisé, dans la cathédrale, le type religieux [1] et, nous ne redirons pas que le château de la Renaissance, dérivé du château-fort du moyen âge, sourit maintenant sur ses ruines. Concédons, en conséquence, à la gaîté ornementale de la Renaissance sa convenance sou-

1. Cette convention apparaît tellement enracinée que l'on voit, par exemple, Jean Bullant bâtir dans le goût gothique la chapelle du château d'Ecouen, édifice de pur style Renaissance.

vent critiquable en tant que lieu de recueillement, église ou tombeau, mais la construction ogivale n'était guère riante au sortir de la prière. Et ce contraste des deux époques, entre le moyen âge grave et

FIG. 54. — *Cheminée.*

la Renaissance joyeuse, nous offre une heureuse comparaison entre deux sociétés nettement différentes, déterminées en fait, par une façade d'architecture.

Nous avons vu dès la fin du XVe siècle, la civilisation prendre davantage ses aises sous l'empire de l'extension commerciale provoquée par les découvertes maritimes et d'autre part, grâce au perfectionnement des arts et des sciences. Nous savons le résultat merveilleux de l'exemple italien rencontré lors des expéditions guerrières et voici qu'avec François Ier, le luxe si favorable à la beauté, sera encore exalté davantage. C'est le retour à une sorte de paganisme doré en réaction du christianisme précédent. C'est l'avènement d'un système d'idées nouvelles sur les cendres des formes et formules antiques rénovées. Brillante et raffinée, cette civilisation de la Renaissance est toute en ses excès. A elle remonte notre réputation spirituelle et nous lui devons aussi l'essor de notre génie moderne qui, avec Louis XIV, connaîtra aussi une étape féconde, mais celle-ci moins affranchie.

François Ier comme le roi Soleil donnera le signal des magnificences à la cour, et les grands s'empresseront de suivre le geste du prince, entraînant en l'enchantement de leur fantaisie, l'art et l'industrie. Hier la cathédrale triomphait, aujourd'hui c'est le tour du château; l'idéal s'est transformé : on veut vivre ! Il faut reconnaître cependant à l'Italie tout le mérite initial de cette métamorphose car, malgré la valeur de nos écrivains, nous n'avons rien au XVIe siècle à opposer, au Tasse, à l'Arioste, à Machiavel ! Malgré Marot, Ronsard et la Pléiade, nous ne tenons pas, effectivement, un rang élevé dans la Renaissance littéraire mais aussi, quelle belle revanche dans la philosophie, dans l'érudition, dans les sciences comme dans les arts, avec Rabelais, Montaigne, Amyot, Dolet, Cujas ! Et, d'autre part, si nous comptons de remarquables architectes et sculpteurs, nous manquons, pour ainsi

FIG. 55. — *Château de Blois* (aile de Louis XII).

dire, de peintres. Mais nous en aurons d'autant de mérite à nous imposer que nous luttâmes en état d'infériorité, presque, avec notre auguste modèle, et, cependant, au fur et à mesure que se déroulera notre matière, le lecteur aura souvent à peser la valeur de la qualité française opposée à la quantité de notre rivale.

Avant d'indiquer les caractéristiques de la seconde Renaissance, nous rappellerons en les complétant, celles de la première sous Louis XII. C'est, d'une part, la présence des arcs en anse de panier dérivés sans doute de la construction en bois, et la profusion des ornements sculptés dans le goût des arabesques antiques. Les arcs réunissant les piédroits chers aux formes ogivales ont vécu. Les monuments de cette époque, marqués des emblèmes du règne, sculptés ou peints : le hérisson couronné de fleurs de lys et l'hermine de Bretagne, doivent leur gaîté d'aspect à l'association de la brique et de la pierre. Leur ornementation est typique avec son mélange de détails gothiques et d'éléments d'un goût différent.

Exemples de style Louis XII (à ajouter aux précédents) : les hôtels de Cluny (*fig.* 7 et 8) et de la Trémouille, à Paris ; les hôtels de ville d'Arras et de Saint-Quentin (dont la barbarie allemande a fait une ruine, lors de la campagne de 1914-1918), les deux maisons de bois de la rue du Gros-Horloge, à Rouen ; l'hôtel de ville d'Orléans, les châteaux de Meillant, de Chenonceaux (embelli par Philibert Delorme) et d'Azay-le-Rideau (en tête du chapitre v), etc.

Nous en arrivons *aux caractéristiques architecturales de la seconde Renaissance, sous François Ier*.

Au début de ce règne, l'art témoigne d'une curieuse indécision d'harmonie : l'esprit ogival persistant se mêle à un style mixte d'ogival et de Renaissance auquel s'ajoute avec force, l'esprit italien. Ce n'est que dans les dernières années de la vie de François Ier que notre architecture adoptera décidément les formes de l'art antique. Néanmoins, la base de l'inspiration constructive est grecque ou romaine. L'ornementation offre peu de saillie, les bandeaux deviennent de

Fig. 56. — *Façade du Château de Gaillon* (cour de l'École nationale supérieure des Beaux-Arts, à Paris).

véritables entablements ayant architrave, frise et corniche, même lorsque l'absence d'un ordre devrait exclure l'emploi de tous ces membres. Les fenêtres rectangulaires sont coupées de *meneaux* en forme de croix (d'où le nom de croisées); elles sont le plus souvent encadrées de pilastres (en place des faisceaux de colonnettes), coiffées de chapiteaux ioniens ou corinthiens, et un fronton (arrondi ou triangulaire, les deux alternés, souvent) sur consoles, les surmonte. Les montants et les traverses rappellent par leur forme et leur délicatesse ces mêmes pièces autrefois en bois et, d'une manière générale, la disposition de la façade de l'habitation donnant sur une cour ou un jardin, propre à la maison en bois, persiste dans la construction en pierre.

Pour revenir à l'ornementation : jamais celle-ci n'a été aussi merveilleusement fouillée à fleur dans la pierre et, ses modelés également, s'offrent avec une particulière délicatesse aux jeux de la lumière et de l'ombre. Moulures, bandeaux, pilastres, frises, etc., chargés mais sans lourdeur, de spirituels motifs, sont plats (en bas-relief) et comme plaqués; des médaillons, coquilles, losanges et armoiries, la salamandre, chère à François Ier dont le chiffre est: l'F couronné (cul-de-lampe du chap. x) ponctuent les grands panneaux nus et largement bordés. L'ensemble des maisons est symétrique, leurs galeries sont doubles et en arcades, leurs toits saillants et à grandes pentes, leur cour (où l'on voit souvent un puits à margelle sculptée) régulière. A ces imitations italiennes, le goût et les habitudes françaises ont ajouté fréquemment, dans l'angle de la cour, une petite tourelle en encorbellement dépendante des appartements du premier étage; d'ailleurs au XVIe siècle, les châteaux français affectionnent un escalier formant motif à part et saillissant sur le corps de logis. Même, notre ingéniosité nationale, alors si préoccupée, mais seulement dans le détail et plutôt à l'intérieur, du décrochement pittoresque qui amusait un instant l'œil dans l'ensemble architectural symétrique et soigneusement proportionné, a tiré un excellent parti décoratif des tuyaux de plomb servant à la conduite des eaux. Ceux-ci peints ou dorés, enrichis d'ornements, masquent ainsi artistiquement leur utilité, sans compter que leur saillie, répétons-le, n'est pas moins agréable sur la placidité des lignes générales. Cheminées extérieures, hautes et décorées, fenêtres encadrées de festons, lucarnes couronnant les baies des étages supérieurs ; lucarnes qu'un fronton triangulaire surmonte, fait d'épis et autres motifs découpés et dont la partie

FIG. 57. — *Le puits de Moïse ou des Prophètes,* par Claux Sluter.

pleine est garnie d'une niche abritant une statue; voûtes (des églises et des escaliers) en berceaux rampants, chaque arc de division rempli horizontalement, à caissons, en manière de panneaux sculptés.

Colonnes gracieusement ornées, tourelles à plusieurs étages éclairées par de charmantes fenêtres, galeries à jour; pilastres jouant l'effet des colonnes et se superposant comme elles; inauguration de la colonne dite *française* (due à l'imagination de Philibert Delorme), dont le fût cannelé est coupé par d'espèces de colliers ou tambours saillants (*fig.* 20); pilastres et balustres alternant, souvent, dans la balustrade qui est à la hauteur de la base du comble; appuis des fenêtres pleins et chargés de décorations, ces fenêtres reliées correspondant du sol au comble au moyen des encadrements qui les solidarisent dans l'aspect symétrique; chaîne de pierre découpant leurs degrés sur le remplissage des murs.

A l'intérieur, de vastes escaliers à rampes droites ont remplacé les gradins étriqués, en vis ou en spirale, du moyen âge. On continue cependant à les faire figurer en dehors des constructions. Des galeries somptueuses relient les pièces entre elles, et ces pièces présentent tout l'intérêt de leur magnificence du côté de la cour intérieure, en souvenir des dispositions du passé.

Laquelle cour (si ce n'est un jardin), dallée de

marbre, de petits cubes de pierres blanches et noires formant des compartiments variés ou de mosaïque, s'ornait non moins heureusement, de vases de fleurs, de statues et de fontaines jaillissantes.

FIG. 58. — *Château de Blois.*

Au plafond, des poutres et des solives apparentes; sous les pieds, de riches parquets, et, dans des lambris dorés des tableaux souvent étaient enchâssés. Quant aux cheminées intérieures, elles sont vastes et leur hotte verticale s'orne de sculptures ou de peintures [1], à moins encore que leur linteau ne soit sou-

1. Nous verrons l'usage de la peinture des parois et des plafonds de l'appartement — abandonné de nos jours — se répandre sur le meuble.

tenu au moyen de corbeaux saillants sur des piédroits.

Les boiseries (lambris, portes) sont d'une sculpture aussi délicate, aussi légère et spirituelle que celle de la pierre. Et cette sculpture emprunte plutôt au myrte et au laurier, au chêne et à l'olivier. Le feuillage échevelé, le chou frisé de l'art ogival ont fait place à une végétation disciplinée, emblématique et noble; de même, les savantes cannelures ont chassé les arabesques touffues. Malgré sa fraîcheur et sa jeunesse, en dépit de sa gaîté capricieuse, la décoration de la Renaissance respire en un mot la gravité du classique. Mais combien cette gravité est peu guindée! Voyez plutôt avec quelle verve bien française nous avons transposé d'après l'indication italienne l'attirail mythologique! Remarquez l'esprit avec lequel s'enchevêtrent ces animaux et ces personnages dans les fleurs et goûtez l'aspect de ce quasi désordre parmi tant de souci d'équilibre et de rectitude, parmi tant de volonté symétrique! Qu'est devenue l'acanthe classique dans toute cette fantaisie? Vous chercheriez en vain dans ces enroulements de tiges, en ces rinceaux et volutes meublés de personnages grimaçants, d'animaux fantastiques, parmi ces bras et ces chevelures feuillus, parmi ces torses jaillis de gaines ou bien du cœur des feuillages, ce souci de nature qui séduisait au moyen âge. Et les lambris et les panneaux comme les meubles, se disputent

Fig. 59. — *Château de Blois*, aile de François Ier,
le grand escalier.

cette hallucinante décoration dont la finesse comme l'exécution sont d'une netteté remarquable, ni trop grasse ni trop sèche.

Cette décoration ne participe pas de la logique magistrale inséparable de l'art précédent, elle n'a pas sa grandeur, mais comme elle est plus vivante ! Décor de placage d'essence italienne certes, mais combien la main-d'œuvre et la direction de ces travaux demeurent bien françaises ! Peu importe que ces frontons manquent d'utilité souvent, que ces balustrades soient irraisonnables. Irrationnels soit ! ces fenêtres et lucarnes aveugles — purement symétriques — ces clochetons impraticables, ces toits élevés sans nécessité intérieure, mais si charmants à l'œil ! Combien peu judicieux, souvent, l'emploi de la matière, mais quelle chatoyante fantaisie ! Tout n'est que pilastres ou colonnes appliquées et pourtant cette base singulière du décor n'altère guère sa richesse que dans la profusion.

Mais nous poursuivrons ce chapitre de l'ornementation lorsque nous parlerons du mobilier et, pour l'instant, nous nous contenterons de donner un aspect d'ensemble de l'architecture en pleine Renaissance. Aussi bien nous ne pouvons résister à la tentation de terminer notre objet avec le style de Henri II qui, malgré ses nuances avec le style de François Ier, ne peut guère être catégoriquement séparé de lui dans le bloc de la Renaissance. Au seuil de cette opposition, une remarque générale différenciera les deux expressions : sous Henri II on réagit contre la décoration désinvolte de François Ier.

FIG. 60. — *Château de Chambord.*

On adopta un décor plus sobre, plus symétrique, et des entrelacs, associés à des cartouches à enroulements capricieux et souples, se mêlèrent aussi à une ornementation de fleurs et davantage de fruits, à des rinceaux d'acanthe, à des volutes. Au surplus on ne trouve plus traces sous Henri II, des éléments gothiques encore adoptés, ainsi que nous l'avons dit au début du règne de François Ier et, de la sorte, c'est le style italien amendé à la française qui triomphe exclusivement.

Autres changements : les tours rondes disparaissent aux angles des édifices réguliers ; des bâtiments, carrés généralement, les remplacent. Le château d'Écouen nous est un exemple des façades alors préférées : façades italiennes ou antiques et, dans les églises, on commence à substituer à la voûte, des plafonds de pierre légèrement courbés que parent d'admirables sculptures.

En attendant que nous poursuivions l'étude des différences ornementales que nous venons d'indiquer en deux mots, lorsque nous toucherons au meuble des deux époques (le meuble Henri II dépendit d'une brillante école de maîtres menuisiers, celles de la Touraine et de l'Ile-de-France, particulièrement typiques), nous examinerons les architectes de la Renaissance et leurs chefs-d'œuvre au temps de François Ier et, logiquement, nous verrons ensuite, dans l'enchaînement de cette Renaissance classique, les architectes de Henri II au pied de leurs somptueux monuments.

Ainsi se fondront, dans une connaissance générale de l'esprit de la Renaissance, de Charles VIII à Louis XII et de Louis XII à Henri II en passant par François Ier tous ces principes d'unanime beauté que seule l'étude personnelle et l'examen de nos gravures, arrivera à départager en leurs nuances.

Nous savons que Louis XII avait appelé auprès de lui des architectes italiens comme Fra Giocondo; François Ier, lui, manda d'Italie les bons offices de Sébastien Serlio et ceux aussi de Vignole, ce dernier dont on ne sent guère la froide et théorique influence dans notre art, à l'époque. Mais aussi, à côté de ces étrangers, quelques maîtres architectes français font excellente figure. Ce sont Pierre Nepveu, Jean Bullant, Pierre Lescot et Philibert Delorme.

FIG. 61.— *Château de Chambord* (lanterne du grand escalier).

Si l'on ajoute, à ces noms brillants, ceux de nos sculpteurs nationaux : Jean Goujon et Germain Pilon, artistes associés à la grandeur de l'architecture, on peut aisément se faire une idée de notre gloire et mesurer toute l'importance contributive de notre génie français à l'œuvre de la Renaissance. On remarquera, d'autre part, que le plus grand nombre de ces artistes français travaillèrent sous Henri II et Catherine de Médicis, d'où une séparation délicate et peut-être oiseuse, dans l'énonciation esthétique des deux règnes. Et c'est ainsi que les chefs-d'œuvre de la Renaissance française du XVIe siècle eux-mêmes communient en une beauté qui, peu à peu, se refuse à une classification formelle — de la seconde moitié du règne de François Ier à Henri II, étapes de la Renaissance dite classique — ce dernier style Henri II en qui l'on est convenu de distinguer la troisième période du style général, mais toujours classique, qui nous occupe — en dehors de la subtilité des dates et aussi de ces nuances d'expérience visuelle autant que d'appréciation comparative précédemment indiquées.

Ces nuances dépassent, au surplus, le but de notre travail strictement borné à un enseignement d'ensemble qui ne se défend pas, néanmoins, d'éveiller des curiosités supérieures.

Nous reviendrons maintenant aux architectes de François Ier qui, dès la seconde moitié du règne de ce roi, ont succédé aux maîtres-maçons précédents, et à ceux de Henri II. Pierre Neveu dit *Trinqueau*, né dans la seconde moitié du xve siècle, mort à Amboise vers

Fig. 62. — *Maison du* xvie *siècle,* à Falaise (Calvados).

1542, travailla aux principaux châteaux de la Loire, et

il commença le *château de Chambord* (*fig.* 60), près de Blois, en 1513. Ce dernier édifice que François Ier affectionnait, peut être considéré, a-t-on dit, comme un ancien château français habillé à la Renaissance, et il offre, par cela même, un des exemples les plus curieux de ces constructions de style mixte élevées en France au commencement du style du *Père des lettres*, avant que notre goût national ait été définitivement fixé. L'escalier central du château de Chambord serait particulièrement attribué à Pierre Neveu et, à Amboise, à Chenonceaux encore, on retrouve des traces davantage probantes de l'art de ce maître.

Jean Bullant (1515?-1578) a donné un chef-d'œuvre : le *château d'Ecouen* (*fig.* 63). Commencé vers 1540, ce beau monument offre un des plus purs exemples du style qui nous occupe. On doit aussi à ce grand artiste qui était aussi sculpteur : l'*hôtel Carnavalet* (*fig.* 64), le *tombeau de Henri II et de Catherine de Médicis*, l'*hôtel de Soissons* où se trouve maintenant la Bourse du commerce, des bâtiments au centre des Tuileries, qu'il continua à la mort de Philibert Delorme, etc.

Pierre Lescot (1510-1571) est l'auteur de la magnifique façade dite de l'Ouest (*fig.* 69) dans la cour du Louvre, en collaboration avec Paul-Ponce Trebatti, élève de Michel-Ange, et Jean Goujon, entre autres sculpteurs. On prétend que lorsque François Ier conçut le projet de reconstruire le Louvre, il pressentit à cet effet Serlio dont le plan, au dire de cet artiste lui-même, fut jugé inférieur au sien. D'où la naissance d'un chef-d'œuvre d'ordonnance et de richesse, d'une profusion peut-être excessive, mais si éminemment française de goût et d'esprit! On doit encore à Lescot, abbé de Clagny, conseiller des rois François Ier, Henri II, Charles IX et Henri III, chanoine de Paris, la salle dite des *Cent Suisses*, au Louvre, la *Fontaine des Innocents* et le *Jubé de Saint-Germain-l'Auxerrois*, ces deux dernières œuvres dont les sculptures sont de Jean Goujon.

Fig. 63.
Fenêtres (Château d'Écouen).

Philibert Delorme (1515-1570), architecte préféré de Henri II et de Diane de Poitiers, a surtout attaché son nom au superbe *château d'Anet* (*fig.* 53). Malgré qu'il ait encore beaucoup produit pour le fils de

François Ier, il ne reste malheureusement plus traces de ces autres œuvres, et le palais des Tuileries que Delorme commença pour Catherine de Médicis, en 1564, et dont il dirigea les travaux jusqu'à sa mort, palais continué, ainsi que nous l'avons dit, par Bullant, a disparu également. On cite néanmoins du grand artiste, inventeur de la colonne ou mieux, d'un ordre dit *français*, l'escalier de François Ier, à Saint-Denis, le portail de la chapelle de Villers-Cotterets, une galerie conduisant du pont au château neuf de Saint-Germain-en-Laye, le *tombeau de François Ier*, dans l'église de Saint-Denis (une des œuvres les plus parfaites de la Renaissance française), sans compter plusieurs ouvrages sur la technique de son art.

A ces grands noms il convient d'ajouter, en attendant que nous parlions des sculpteurs strictement liés à l'époque avec les architectes, ceux de Pierre Valence, de Vyart, qui travailla au château de Blois, de Guillaume Senault, de Pierre Chambiges, de Gilles Le Breton, que François Ier chargea des travaux de reconstruction de Fontainebleau (*fig.* 65), noms fameux auxquels s'ajoutent encore ceux de Jacques Androuet Du Cerceau et de Dupérac, dignes successeurs de Lescot. Le fils de Du Cerceau, Jean-Baptiste, travailla à certaines parties de l'hôtel Carnavalet et Henri III lui confia, en 1578, les travaux du *Pont-Neuf*. Quant à Dupérac, il produisit surtout sous Henri IV, et, à ce titre, malgré que quelques auteurs aient étendu la Renaissance jusqu'aux règnes de Henri IV et de Louis XIII [1], il nous échappe.

FIG. 64. — *Hôtel Carnavalet*, à Paris (façade sur la rue de Sévigné).

Nous nous garderions d'oublier, dans notre fin, la mention de l'emblème propre à Henri II : l'H au double C et le triple croissant [2]. Ainsi l'architecture propre à ce roi se trouve-t-elle signée, en dehors même des particularités que nous avons dites. Le

1. Voir le *Style Louis XIII*, du même auteur.

2. Le croissant figura aussi sur les livrées et les armes de Henri II, en l'honneur de Diane de Poitiers, et la levrette fut l'emblème de Anne de Bretagne.

style de Henri II marqua une réaction contre l'expression de François Ier, il tendit à une pureté qui, en somme, sympathise plutôt avec cette expression qu'elle ne l'écrase. Le style Louis XV fit pareille moue aux écarts de la Régence, et, néanmoins, malgré des nuances, l'esprit de la Régence hante bien celui de Louis XV. N'insistons donc pas excessivement sur les catégories de beauté de cette Renaissance rayonnante où il faut constater surtout, après la capitulation de la tradition française, la délicatesse et l'originalité de nos appropriations nationales d'après les données italo-antiques. On peut même reconnaître notre supériorité sur les créations correspondantes de l'Italie. Les exemples qui suivent le démontrent.

C'est la maison dite de François Ier (transportée de Moret à Paris, en 1823), une partie du château de Versailles, le *château de Chaumont*, l'*hôtel d'Escoville*, à Caen ; celui d'*Assesat*, construit par Bachelier, à Toulouse, la *maison des Consuls*, à Albi, la *maison Milcent*, due à Hugues Sambin, à Dijon, et tant d'autres châteaux encore, ceux de *Valençay*, en Berry, de *Pibrac*, en Gascogne, de *Tanlay* et d'*Ancy-le-Franc*, en Bourgogne, d'*Oiron*, en Poitou, de *Martainville* en Normandie, d'*Ussé*, de *Madrid* autrefois au Bois-de-Boulogne, de *Nantouillet*, etc.

Tous ces joyaux, malgré qu'ils portent souvent, çà et là, dans les détails décoratifs surtout, les traces de la collaboration italienne, sont tellement épurés à la française, tellement nationalisés, qu'on ne saurait sérieusement les disputer à notre art, ni en contester l'originalité.

FIG. 65. — *Galerie dite de François Ier* (château de Fontainebleau).

La Renaissance française a arrondi les angles de la décoration italienne; elle a calmé l'acuité de ses pointes qu'elle assouplit à son charme propre.

Tout est en velours, en soie et en satin, à cette époque d'une intellection, d'une gaîté et d'une fraîcheur si prenantes, à cette époque qui avait si ingénieusement converti les dentelles flamboyantes excessives, du gothique arrivé à sa période d'affolement, en une autre dentelle sans à-jours cette fois, dont les boiseries étaient à profusion recouvertes.

Mais il apparaît que le style de la Renaissance connut aussi sur sa fin, la décadence, marquée par une similaire exubérance, et la gravure a conservé, pour l'attester, l'ancien hôtel Lunati, à Nancy.

CHAPITRE VI

La Sculpture et la Peinture françaises au XVIe siècle

Nous avons dit combien, sous la Renaissance, l'exemple du moyen âge associant étroitement le tailleur de pierres, l' « ymaigier », à l'architecture, s'était poursuivi. Et, c'est là le secret de la grande architecture, la communion de ces deux arts vivant l'un de l'autre, s'exaltant l'un par l'autre, l'un préparant les lignes harmoniques, l'autre les parant en vue d'une splendeur où toute une beauté se fond et triomphe également. D'ailleurs la sculpture n'abandonna guère l'architecture que lorsque celle-ci faillit au chef-d'œuvre dans la compilation et les redites et, avant d'être contrainte d'abdiquer son but essentiel d'accompagnement décoratif, elle prolongea l'unité de l'édifice dans ses jardins en terrasses. Finalement le statuaire prit le rôle isolé que nous lui voyons aujourd'hui, et, c'est dommage pour l'architecture que l'économie, en première ligne, ait présidé à cette séparation entre deux idéals si expressément faits pour s'accorder.

Voyez l'anonymat grandiose des statues enfouies au sein des niches de la Renaissance ! Elles sont inséparables de l'édifice dont elles exhaussent silencieusement la beauté. Et ces bas-reliefs et ces précieux ornements même, que l'on ne reléguait point jadis parmi les expressions secondaires, ne sont pas moins solidaires de l'architecture que les siècles nous ont donnée pour modèle.

Comment séparer, par exemple, le génie de Jean Goujon de celui de Philibert Delorme, dans l'évocation du charmant château d'Anet, de celui de Pierre Lescot pour la délicate fontaine des Innocents !

Ceci dit, nous parlerons des sculpteurs français du XVIe siècle que nous arracherons un instant à leur gloire architecturale. Nous vîmes Michel Colombe, Claux Sluter (d'origine flamande) et les Justi représenter les écoles de Dijon et de Tours, au XVe siècle, voici maintenant le nom de leurs dignes successeurs. En première ligne : Jean Goujon et Germain Pilon.

Jean Goujon que l'on surnomma le Phidias français et le Corrège de la sculpture, naquit en Normandie au début du XVIe siècle et mourut à Bologne vers 1566. Citons parmi ses chefs-d'œuvre tout parfumés d'élé-

FIG. 66. — *Galerie Henri II* (château de Fontainebleau).

gance française et de pureté antique : le jubé de Saint-Germain-l'Auxerrois (avec l'architecte Pierre Lescot); les *Evangélistes* (au Louvre); des *Renommées* et autres figures décoratives pour les châteaux d'Ecouen et d'Anet [dont la *Diane à la biche* (*fig.* 93) est au Louvre], pour l'hôtel Carnavalet (*fig.* 64) ; les bas-reliefs de la *fontaine des Innocents ;* les *cariatides* de la salle dite « des Antiques », au Louvre (*fig.* 92);

l'ornementation des trois œils-de-bœuf dans la cour du Louvre (*La Gloire et la Renommée, la Guerre désarmée et la Paix*, etc.).

Germain Pilon, lui, se réclame pareillement du beau style français de la Renaissance. Né et mort à Paris vers 1535-1590, ce maître décora le tombeau de François Ier et de Catherine de Médicis (dans l'abbaye de Saint-Denis), puis il travailla à la magnifique sépulture de Henri II. C'est aussi pour y déposer le cœur de ce prince que Germain Pilon eut l'inspiration de cette urne funéraire supportée par le célèbre groupe des *Trois Grâces* [au Louvre (*fig.* 95 *bis*)]. Autres œuvres au musée du Louvre : le monument de *Valentine Balbiani*, femme du chancelier de Birague, et celui de ce dernier personnage (*fig.* 94) : *Effigie d'une femme morte; la Prédication de saint Paul*, bas-reliefs, *Vierge de Douleur* (*fig.* 95), etc.

Sculpteur de haute expression, Germain Pilon, plus divers peut-être que Jean Goujon, triomphe aussi, semble-t-il, davantage que ce maître, dans la souplesse et la grâce, cette grâce alanguie qu'effleure un soupçon de décadence.

Au surplus, le génie des deux artistes se rattache à la tradition classique. Ils subirent l'empreinte antique et italienne tandis que Michel Colombe, vu précédemment, ainsi que Ligier Richier, Pierre Bontemps, dont nous allons parler, représentent la tradition réaliste française. D'où, de la part de ces derniers sculpteurs, une éloquence plus directe, une sensibilité plus émouvante peut-être, parce qu'elle est davantage personnelle.

FIG. 67. — *Maison dite de Diane de Poitiers*, à Rouen.

Ligier Richier (vers 1500-1567), continuateur, répétons-le, de la tradition française, fut l'interprète d'une vérité saisissante, et, parmi ses chefs-d'œuvre, on remarque : la *Mise au Tombeau*, de l'église Saint-Etienne, à Saint-Mihiel (*fig.* 73), et l'extraordinaire *Squelette* du tombeau de René de Châlons, dans l'église Saint-Pierre, à Bar-le-Duc. Puis ce sont : une *Pietà*, à

Clermont, en Argonne, le *Tombeau de Philippe de Gueldre*, dans l'église des Cordeliers, de Nancy, la *Vierge et Saint Jean*, à Saint-Mihiel, etc. Le fils de Ligier Richier, Gérard, fut aussi un sculpteur éminent. Gérard (1534-1600) prit une part active aux travaux de son père et décora notamment, à Nancy, les nouveaux bastions de cette ville. Jean Richier, fils du précédent, mort en 1625, continua la tradition familiale avec des médaillons, notamment, conservés au musée de Berlin et Jacob Richier, enfin, frère de Jean, clôt cette lignée intéressante de sculpteurs lorrains. Jacob (1585-1640?) serait l'auteur du *Tombeau de Jacqueline de Harlay*, à Lyon, du *Mausolée de Charles de Neufville*, etc.

Avec Pierre Bontemps, nous retrouvons les noms de Germain Pilon et de Philibert Delorme, maîtres auxquels Bontemps s'associa pour la décoration du riche tombeau de François Ier (1552) et à qui l'on doit encore le vase orné de bas-reliefs et de petites figures en ronde-bosse commandé par l'abbaye des Hautes-Bruyères, et dans lequel on enferma le cœur de François Ier, les bas-reliefs de Marignan et de Cerisolles, pour le tombeau du même prince, etc.

Le nom du sculpteur Jean Trupin, auteur des belles stalles de la cathédrale d'Amiens, vient ensuite sous notre plume, ainsi que celui de Bachelier dont le portail de la Dalbade, à Toulouse, est admirable.

FIG. 68. — *Maison de l'époque Renaissance,* dite « de la Coquille », à Orléans.

Mais c'est tout l'anonymat des sculptures de la Renaissance qu'il faudrait ajouter à cette magistrale énumération si incomplète, cependant ! Quel regret de ne pouvoir connaître le nom des créateurs de tant de pures merveilles ciselées dans la pierre et le bois ! Et ces artistes nous échappent d'autant qu'ils s'énonceront volontairement en la langue morte des antiques ressuscitée dans une expression italo-française, sinon toute italienne ou toute française, mais toujours d'après le modèle grec ! Cela est frappant lorsque l'on examine notre pure école nationale, celle de Michel Colombe et de Ligier Richier, qui tous deux représentèrent simplement les caractères de leur temps ! C'est Michel Colombe qui immortalisa les types de la Touraine en leur costume au XVIe siècle, et Ligier Richier a fait de même pour les Lorrains.

Il n'empêche que les sculpteurs classiques de la Renaissance ont laissé une note éclatante, reconnaissable à sa grâce, à sa finesse et à sa légèreté. La créature féminine qu'ils inventèrent, — car leur génie poursuivit la tradition, mais au goût délicat et intuitivement original du jour —, demeure hallucinante avec la petitesse de sa tête au bout d'un long col, avec son torse un peu court sur ses longues jambes. Et le modelé de ce corps mince et fuselé est délicieux et savant dans un décor spirituel toujours d'une signification claire et d'une grande simplicité dans l'élé-

FIG. 69. — *Vieux Louvre* (pavillon de l'Horloge), par Pierre Lescot.

gance; il demeure toujours bien français en un mot.

Nous savons enfin que la Renaissance remit en honneur la nudité, et, nous avons dit combien ce culte pour la nature sans voile, charme par son à-propos dans une époque aussi sensuelle, aussi voluptueuse et qui ne craignit pas de pousser au réalisme, en sculpture, jusqu'à copier ses têtes d'anges avec unè saisissante vérité naturelle. L'Enfant Jésus est maintenant représenté nu et la Vierge offre son sein à l'allaitement.

Avant d'aborder la peinture qui, d'ailleurs, est d'un essor moindre, très singulièrement restreint même, malgré qu'elle ait progressé, à côté de l'architecture et de la sculpture, nous dirons quelques mots de l'art décoratif.

L'art décoratif, à l'époque de la Renaissance, sous l'impulsion générale du luxe assoiffé de beauté, devait être resplendissant. Il n'y manqua pas grâce à un potier de génie, Bernard Palissy, grâce à un orfèvre accompli comme F. Briot, grâce enfin, aux Pénicaud, aux J. Courteis et aux Limosin, dont les émaux furent de la lumière et des gemmes emprisonnées, et à tant d'autres sorciers de la matière embellie et domptée.

Bernard Palissy, né vers 1510, mort vers 1590, découvrit après seize ans d'efforts et de ruineuses expériences, le secret de l'émail dont on se servait en Italie et il reçut du connétable de Montmorency le titre d'*Inventeur des rustiques figulines du Roy et de*

FIG. 70. — *Cheminée.*

Mgr le Connétable. Les rustiques figulines, dues à l'invention de Palissy, sont représentées par ces curieuses poteries émaillées, d'un intérêt plus scientifique qu'artistique, offrant des figures d'animaux en relief, par ces grands plats ou ces assiettes aux bords singulièrement découpés et meublés aussi de coquillages, de plantes, de fruits, d'arabesques, etc., que les musées du Louvre, de Cluny et de Sèvres conservent jalousement (cul-de-lampe du chap. VI et *fig.* 46).

Grâce à Palissy, l'art de la céramique prit une grande extension et, les célèbres faïences d'Oiron (dites aussi de Saint-Porchaire, de Henri II et de Diane de Poitiers) lui doivent notamment la vie, car Nevers et plusieurs autres pays ne devaient pas moins profiter, pour leur gloire, de cette révélation. C'est à Oiron, dans les Deux-Sèvres, que l'on exécuta, en terre de pipe, ces précieux modèles qui imitent les formes de l'orfèvrerie avec un décor des plus caractéristiques. Les aiguières, salières, coupes à pied avec ou sans couvercle, flambeaux, sucriers, compotiers, etc., fabriqués autrefois à Oiron, détachent sur le fond jaunâtre de leur matière, un lacis d'ornements colorés, incrustés dans la pâte, du plus précieux effet (*fig.* 138 et 144).

Les céramiques architecturales du Pré d'Auge, aux pignons étagés, sont aussi à citer, à ce moment, tandis que Rouen, Nevers, Moustiers, etc., commencent à s'éveiller pour ne briller dans leur plus vif éclat, cependant, qu'à la fin du XVIIe siècle. De même, à l'étranger, les villes de Delft, de Nuremberg, d'Anspach, d'Alcora débutent avec succès.

Si nous abordons maintenant l'orfèvrerie, nous

Fig. 71. — *Portes de l'église Saint-Maclou* (Rouen).

assistons naturellement à sa métamorphose dans le sens païen qui marqua l'esprit général de la décoration sous la Renaissance. Les artistes et les orfèvres reviennent à l'idéal noble et gracieux de l'antique et c'est le génie de Benvenuto Cellini qui inspire nos meilleures créations. Nous ne renverrons pas le lecteur aux lignes précédemment consacrées au célèbre ciseleur et sculpteur italien, Cellini, sans insister sur sa présence en France aux côtés de François Ier et nous compterons encore parmi ses distingués émules et compatriotes : le lombard Caradosso dont une *Paix* ciselée avec fronton et colonnettes en lapis-lazuli est conservée aujourd'hui à la cathédrale de Milan, et Agnolo di Viviano, Firenzuola, Rosetti qui ciselèrent les armes des Médicis ou créèrent leurs surtouts de table, etc. (voir *fig.* 146 et 149), un spécimen des merveilleuses armes et armures dues d'autre part, à nos artistes français.

Il faut indiquer, malgré ce radieux essor de l'orfèvrerie qui triompha plutôt dans les œuvres d'église (châsses, reliquaires, etc.), le succès de la faïence dont le goût tendra de plus en plus à remplacer, dans la commodité et l'économie, les coûteuses réalisations du métal.

Bref, en France, de nombreuses pièces d'orfèvrerie furent ciselées par nos nationaux sans qu'on puisse faire mieux, malheureusement, que de les leur attribuer. On sait seulement que Germain Pilon donna des modèles à Richard Toustain et, les noms encore de Pierre Mangot, de Pirame Triboullet, d'Etienne

FIG. 72. — *Autel.*

Delaune dit maître Stéphanus, se rattachent vaguement aux plus rares chefs-d'œuvre qui demeurent en souvenir d'une poussée intensive de beauté.

Quant à François Briot [né à Damblain-en-Battigny (Lorraine) vers 1560, mort au commencement du XVIIe siècle], nous n'hésitâmes pas à le classer parmi les plus brillants orfèvres, malgré que son œuvre se rattache plus rigoureusement à la poterie d'étain. Mais Briot, dont on considère avec raison, les aiguières, bassins (*fig.* 44) et autres créations, comme des merveilles de goût et de finesse, ne saurait être, plus on y pense, séparé dans l'immortalité d'un Benvenuto Cellini, meilleur orfèvre que sculpteur, surtout dans le sillon d'imitateurs fameux qu'il creusa à sa suite. Aussi bien, comme pour mieux se souder à l'éminente personnalité de Cellini, Briot fut comme lui un excellent graveur en médailles et c'est en cette qualité qu'il fut attaché à la personne de Frédéric de Wurtemberg, comte de Montbéliard.

Les graveurs en médailles français sont, au XVIe siècle, mal représentés, car, en dehors des pièces du Lyonnais Jacques Gauvain, et de quelques grands médaillons attribués à Germain Pilon, nous ne voyons guère que des Italiens produire dans l'ombre de Benvenuto Cellini : Matteo del Nassaro, Benedetto Ramelli, Jacques Primavera dont François Ier et les personnages les plus célèbres de la cour sollicitent le talent.

Notons que la frappe des premières médailles, auparavant en métal coulé, date du règne de Louis XII et que la plus ancienne de ces médailles est due à Michel Colombe, en commémoration de l'entrée du « Père du peuple » à Tours, en 1498. Mais les médailles gravées les plus anciennes remontent au règne de Charles VII; elles célébraient l'expulsion des Anglais (1451).

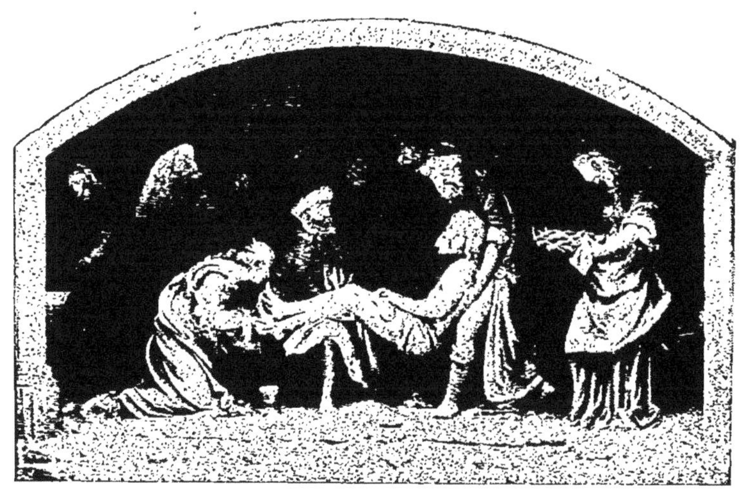

FIG. 73. — *La mise au Tombeau*, par Ligier Richier.

Nous en arrivons à la peinture sur émail. Celle-ci se substitue aux précédents émaux cloisonnés. De petits tableaux (car l'émail est peint et non plus champlevé) naissent alors, d'une couleur vive et charmante, pour la gloire des Limosin. Le plus remarquable des artistes de cette famille est Léonard Ier (né vers 1505, mort vers 1577). En tête des chefs-d'œuvre de Léonard qui fut élève du Primatice, à

Fontainebleau, il faut citer les deux tableaux formés de la réunion de quarante-six plaques d'émail où, sur le désir de Henri II, François Ier et Eléonore d'Autriche furent représentés avec Henri II lui-même et son épouse, Catherine de Médicis (au musée du Louvre). Autres ouvrages : les portraits de François II, duc de Guise, d'Amyot, de Marguerite de Valois, etc., le plus souvent signés LL.

Quant aux Pénicaud, famille d'émailleurs dignes des précédents, ils nous révèlent en première ligne un Léonard, également, dit *Nardon*, né à Limoges vers 1470, mort après 1539. De Léonard Pénicaud : le *Couronnement de la Vierge*, *Notre-Dame-des-Douleurs* et une *Pieta* (au musée du Louvre), sans oublier un *Calvaire* et un *Buste de la Vierge* (au musée de Cluny). A côté de Léonard, un Jean Ier, un Jean II, un Jean III et un Pierre Pénicaud, ce dernier qui vivait encore en 1590, ne sont pas moins intéressants, et non seulement comme émailleurs, mais la plupart aussi comme peintres-verriers.

Parmi les peintres verriers se range, d'autre part, l'éminente personnalité de Jean Cousin. Nous ne résistons pas à citer ici ce nom que nous retrouverons à la peinture, parce que la pratique de l'émail semble se poursuivre dans l'art du vitrail aux translucidités subséquentes.

Jean Cousin dit l'Ancien [1] (né près de Sens, en 1490,

FIG. 74. — *Cheminée.*

mort à Paris vers 1560), malgré qu'il fut un peintre

1. Jean Cousin fils (1522-1594), souvent confondu avec son père, a illustré vraisemblablement le *Livre de Fortune* et le *Livre de pourtraicture* et peint sans doute les verrières de Saint-Gervais, à Paris.

remarquable et qu'on lui suppose un égal talent de dessinateur et de graveur, voire de sculpteur, témoin le buste de François Ier et peut-être aussi la statue de l'amiral Chabot, au Louvre, et d'architecte, demeure surtout un verrier émérite. Du moins connaît-on mieux ses chefs-d'œuvre dans le genre, après ses tableaux dont nous parlons plus loin.

Les vitraux de Cousin dans la chapelle de Vincennes (?), ceux de l'église de Moret, de la cathédrale de Sens, de l'église de Villeneuve-sur-Yonne, du château d'Anet, sont des pages d'une haute éloquence.

A côté de Cousin, il faut citer aussi Robert Pinaigrier et ses fils. De Pinaigrier des vitraux dans les églises de Paris : Saint-Victor, les Enfants-Rouges, Saint-Merri, Saint-Étienne-du-Mont, Saint-Gervais, et à l'église Saint-Pierre de Chartres, etc. P. Tacheron, Jacques de Paroy, Anquetil ont été encore des peintres-verriers émérites.

Dans l'enchaînement de la matière précieuse, nous voici amené à parler de la tapisserie qui, d'ailleurs, prit au XVIe siècle, en France, le pas sur la peinture comme les autres arts.

Nous avons dit la perfection à laquelle atteignirent les tapisseries des Flandres (et surtout de la Flandre septentrionale), au XVe siècle, et le succès que les tapisseries d'Arras remportèrent en Italie, sous le nom d'*arrazi*, est à noter. Parmi les *arrazi* fameux, on cite ceux qui furent exécutés pour le Vatican d'après les cartons de Raphaël.

Mais l'Italie ne pouvait demeurer en état d'infériorité vis-à-vis des Flandres à cette époque où elle avait imprimé le mouvement unanime de beauté dont tout le monde était secoué et le grand-duc Côme de Médicis créa à Florence même, une manufacture qui ne tarda pas à produire des tapisseries remarquables. Des fabriques d'*arrazi* furent, d'autre part, ouvertes par le duc Federico, à Mantoue, et par le duc Francesco Maria, à Urbin.

Fig. 75. — *Dressoir.*

Venise enfin, devait se faire remarquer par la splendeur de ses tapis tissés de soie et d'or et c'est encore Venise qui fut le berceau de la dentelle à l'aiguille.

Il n'empêche que, pour en revenir à notre pays, l'essor de la tapisserie (*fig.* 136), en France au XVIe siècle, fut des plus florissantes grâce à François Ier. Ce généreux souverain avait fait, il est vrai, initialement appel au talent de tapissiers flamands et italiens mais il apparaît qu'aussitôt installés à Fontainebleau, sous les ordres de Philibert Babon, sieur de La Bourdaisière (un français), et de Sébastien Serlio (peintre et architecte ordinaire de François Ier, déjà nommé parmi les architectes italiens mandés en France), l'orientation de l'art qui nous occupe tourna sinon à notre avantage, du moins se plia à notre goût et rayonna bientôt de notre propre génie. Par de nombreuses commandes, le vainqueur de Marignan sut encourager les fabriques de Paris et même de Flandre, concurremment avec celle de Fontainebleau que Henri II devait protéger également. Sous ce dernier règne, Philibert Delorme dont nous savons la gloire architecturale, adjoignit à sa qualité d'architecte ordinaire et de surintendant des bâtiments royaux, le titre de directeur général de la fabrique de tapisseries de Fontainebleau qui, grâce à Henri II encore, devait trouver un digne écho à l'hôpital de la Pitié, à Paris, où les métiers à tisser de haute lice faisaient aussi merveille.

Comme type de la fabrication de Fontainebleau, citons une remarquable *Histoire de Diane* où, en dehors de la perfection du travail, on peut goûter l'intérêt des opulentes bordures tant en faveur alors; ces larges bordures d'une si vivante harmonie, d'une distinction sans pareille, inséparables du sujet qu'elles flattent sans jamais l'écraser.

Fig. 76. — *Ensemble de style Renaissance.*
(Musée Jacquemart-André.)

De la tapisserie nous glissons aux tissus dont la richesse, sous la Renaissance, ne pouvait manquer d'être supérieure. C'est à Tours que François Ier avait installé des ateliers où des ouvriers venus d'Italie, travaillèrent les soies achetées aux Génois et aux Toscans. Tandis que les métiers de Lyon commençaient à revivre, on multiplia le nombre des mûriers qui devaient assurer son développement à notre industrie nationale.

Dès 1466, le velours ainsi que la soie, sont donc introduits à Lyon où l'on entreprend aussi, sur l'ordre du roi, l'opération du tissage d'étoffes d'or. Les plus riches satins et brocarts comme les draps les plus fins sont alors entrepris et on les rehausse des plus beaux dessins. La caresse irisée de l'arc-en-ciel qui s'était joyeusement élevé sur les ruines du moyen âge, logiquement s'éternisa dans le chatoiement de ces étoffes que nous verrons plus loin, au chapitre du costume, miraculeuses au toucher comme à l'œil.

Nous aborderons maintenant la peinture. Nous donnâmes précédemment les raisons de l'emplacement secondaire occupé, du moins dans notre texte, par la peinture à côté des autres arts. Il importe, hélas ! de souligner l'infériorité de cette expression en France vis-à-vis de l'Italie, si riche au contraire en maîtres de la palette.

« La peinture monumentale, écrit René Ménard, ne pouvait avoir en France l'importance qu'elle a eue de bonne heure en Italie, par la raison que notre architecture ogivale ne présentait pas de grandes surfaces à décorer. Aussi la peinture s'est réfugiée sur les vi-

Fig. 77. — *La Vierge et l'Enfant Jésus*, école italienne (Musée Jacquemart-André).

traux et surtout dans les missels, où elle a produit des chefs-d'œuvre... » Et, c'est ainsi que les Italiens furent nos maîtres, tout au moins dans la grande peinture.

Les peintres de France donc, après avoir suivi au xve siècle une direction sensiblement pareille à celle des Flamands mais principalement dans le portrait, se mirent à la remorque des Italiens et surtout du Primatice et de Rosso, élèves dégénérés de Michel-Ange et de Raphaël, qui constituent à eux seuls, l'école de Fontainebleau.

Léonard de Vinci, très âgé, appelé ainsi qu'Andrea del Sarto par François Ier, en France, regagnèrent leur pays natal sans avoir eu la moindre influence sur notre art et, cela est piquant de constater que la facilité et le maniérisme d'un Primatice l'emportent sur le génie d'un Vinci, et que les Lorenzo Naldini, Niccolo del Abbate, Baldovini, Fontana et autres moindres artistes groupés autour du même Primatice doublé d'un Rosso, éclipsent la sensibilité exquise d'un del Sarto !

Ces peintres italiens nous séduisirent fâcheusement par l'éclat de leur facture et par le mensonge délicieux de leurs représentations mythologiques. Ils paralysèrent notre style national. Tout comme les Jean Goujon et les Germain Pilon s'étaient évadés, devant l'exemple italien, de la tradition française, si émue et si vraie tradition, par quoi les Michel Colombe et les Ligier Richier sont immortels, nos peintres allèrent prendre le mot d'ordre à Florence, à Venise et à Rome. On n'est pas éloigné de reconnaître les traces de certain « snobisme » dans cet engouement pour l'étranger; ce qui tendrait à prouver que les mots les plus neufs remontent comme les sentiments qu'ils châtient, à la plus haute antiquité!

FIG. 78. — *Portrait de Claude de Beaune* (peintre inconnu) Louvre.

Effectivement, pour être moins développée qu'en Italie, notre peinture française témoigne au XVIe siècle d'une rareté dans le sens de la beauté qui rachète le nombre. Voyez plutôt les maîtres réfractaires à l'italianisme ambiant, qui ont nom Clouet, Dumonstiers, Jean Bellegambe, Jean Cousin; goûtez la sincérité de leur expression si distante de cette virtuosité d'importation dont ils condamnent par des chefs-d'œuvre de patience, les résultats d'improvisation.

Deux mots maintenant, sur nos peintres éminemment nationaux.

Fils de Jehan Clouet né à Bruxelles dans la première moitié du xve siècle et dont le nom se retrouve parmi les artistes que le duc de Bourgogne s'était attaché, Jehan dit *Jehannet* (né vers 1485, mort en 1545) et François Clouet (né vers 1510, mort en 1572) furent des portraitistes d'une vérité et d'une puissance remarquables en leur précieuse naïveté.

De 1524 à 1528, Jehannet représenta deux fois François Ier et, le premier de ces portraits est conservé à Florence où il passe pour un Holbein. D'autre part, François Clouet, en dehors d'un portrait de François II enfant (au musée d'Anvers), chef-d'œuvre de délicatesse et de simplicité; nous a laissé les vivantes images d'*Elisabeth d'Autriche* (*fig.* 79) et de *Charles IX;* sans oublier un *François II* et un *Henri III* (au musée de Berlin) qui témoignent encore d'une émouvante beauté ciselée dans une facture d'un charme minutieux et frais.

A côté des Clouet, voici d'autres portraitistes : les Corneille, de Lyon, leurs rivaux dans la minutie délicieuse du dessin jointe à la fraîcheur du coloris. Voici les Dumonstier, toute une glorieuse lignée de peintres miniaturistes et pastellistes des rois de France, du xvie siècle au xviie. Mais nous citerons seulement ici Estienne dont les portraits au crayon, malgré qu'ils ne valent pas ceux de Daniel, le plus célèbre de la famille, méritent néanmoins de retenir notre attention, grâce à l'expression si vivante avec laquelle ils traduisirent les personnages de l'époque que nous examinons.

Fig. 79. — *Portrait d'Elisabeth d'Autriche* par François Clouet (Musée du Louvre).

Jean Bellegambe ensuite, malgré que dans son fameux *Polyptyque* d'Anchin il ait emprunté aux traductions de l'école de Bruges, doit être compris parmi les peintres français les plus originaux du XVIe siècle. Jean Bellegambe, né et mort à Douai (1470-1534), mérita le surnom de « Maître des couleurs », que ses contemporains lui donnèrent. Malheureusement, en dehors du chef-d'œuvre de haut style que nous venons de citer, tout n'est que doute ou vague attribution.

Et l'on pourrait en dire autant des peintures de Jean Cousin (déjà vu au vitrail) dont on ne sait rien de précis en dehors du magnifique *Jugement dernier* qui est au Louvre et d'une *Descente de Croix* (1521) au musée de Mayence. En revanche, Cousin a laissé un authentique *Livre de perspective* et un savant traité sur les proportions du corps humain.

Fig. 80. — *François Ier*, par Jehannet Clouet.

On jugera d'après cette énumération, du mérite essentiel de ces conservateurs prodigieux, autant qu'isolés, de notre gloire picturale française. Entre les pages dues à l'influence italienne, où l'affectation le dispute au maniérisme, et celles d'un Clouet, par exemple, il y a toute la mesure d'un regret : celui de n'avoir point triomphé cette seule fois, du modèle étranger.

Mais l'histoire de l'art français nous fournira, hélas! d'autres témoignages de combats aussi impitoyables entre la tradition antique et l'originalité. Au XVIIe siècle, Louis XIV imposera la dictature de Le Brun et, à la fin du XVIIIe siècle, Louis David, au nom

FIG. 81. — *Sainte-Famille*, par Titien (Louvre).

du dogme classique, mettra à mort le dernier Amour de François Boucher. Et, cette fois, les arts à l'unisson rentreront dans le moule académique qui est le tombeau de l'expression individuelle.

C'est par un rapide examen de la gravure, que nous terminerons ce chapitre.

L'invention de la gravure en creux sur métal est due à l'orfèvre florentin Finiguerra. La plus ancienne nielle ainsi imprimée : la *Paix*, remonte à 1452 et, Mantegna en Italie, également, excella bientôt dans le genre où l'Allemand Martin Schongauer ne devait pas moins triompher. Puis, au XVIe siècle, un Allemand encore, Albert Dürer exécuta des chefs-d'œuvre du genre ainsi que Raimondi (Marc-Antoine), au pays de Dante.

FIG. 82. — *Portrait de Pierre Quthe*, par François Clouet (Musée du Louvre).

La gravure sur bois progressa parallèlement à la gravure sur cuivre, avec A. Dürer, encore, et Burgkmair, Lucas Cranach, ses compatriotes.

En France, dès la fin du XVe siècle, plus tardivement qu'en Allemagne et en Italie, apparaissent nos premières belles planches dues notamment à Antoine Bérard (auteur des gravures sur bois d'une *Danse des Morts*, imitée d'Holbein). Ensuite, au XVIe siècle, Jean Cousin donne des pièces très rares comme l'*Annonciation* et la *Descente de Croix;* puis, Geoffroy Tory, de Bourges, dont le portrait équestre de Henri II (*Entrée du Roy à Paris*, 1549) est admirable de finesse. et Jacques Duret, de Langres, dit le « Maître à la licorne » à cause de sa marque spéciale, viennent encore enrichir l'art de la gravure. On doit au burin de ce dernier, d'excellentes scènes de l'*Apocalypse* et, Étienne Delaune (1519-1583), René Boyvin, d'Angers (1530-1598). Pierre Woeiriot, de Bar-le-Duc, Salomon Bernard, de Lyon, sans oublier le célèbre Androuet Du Cerceau, avec ses trois *Livres d'Architecture*, n'ont pas moins célébré l'expression qui nous occupe dans des conceptions originales plutôt que dans des reproductions, d'un style,. d'une fantaisie, d'un esprit et d'une légèreté marqués au coin de leur temps.

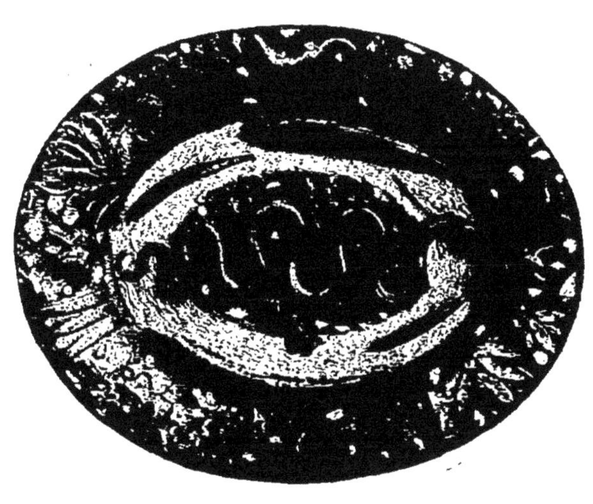

CHAPITRE VII

Les Arts appliqués : Le Meuble, etc.

La solidarité du meuble avec l'architecture à travers les siècles, est flagrante. Et, il est non moins évident que l'architecture est un document humain par le reflet des mœurs qu'elle semble avoir cristallisées. Aussi bien les chefs-d'œuvre seuls persistent à travers le culte de la beauté séculaire, et il serait injuste de ne pas supposer, à côté des plus rares pièces d'ébénisterie, des pièces plus humbles qui personnifieraient le mobilier du peuple, les autres symbolisant celui de la cour.

Mais, toujours, dans l'histoire, juge-t-on d'un peuple par l'image de la cour, parce que c'est de ce centre que rayonnent le luxe et la magnificence dont l'art vit exclusivement, parce que le bon ton comme le grand air est régi par la cour qui plane despotiquement sur les altitudes et absorbe les privilèges. A la joie du règne de François Ier, joie dont toute l'esthétique se réjouit dans une exaltation décorative, succède avec Henri II, une austérité qui dicte à l'ornementation une répression caractéristique et, de même, avant le brillant avènement de Louis XIV, Louis XIII porte un front soucieux que tout son style reflète. Il importe donc, pour apprécier équitablement un style, de vérifier soigneusement la mentalité des grands qui y contribuèrent. Car les artistes, en subissant la mode de leur temps, tempèrent ou lâchent la bride à leur idéal suivant le caprice de l'heure et des événements et, ils enfantent aussi volontiers, bien que différemment, dans la joie ou dans la douleur.

Suivons donc avec intérêt le mouvement d'idées d'une époque avant de rêver sur une moulure, et guettons le signal qui part uniquement de la cour, car les donjons mornes comme les riants châteaux, seuls demeurent en témoignage du passé, tandis que la chaumière paysanne n'a pas survécu à sa modestie. Il en est de même des beaux meubles que les musées ont uniquement sauvegardés, et néanmoins, répétons-le, il y a place dans notre imagination pour un meuble simple dont le pittoresque ferait toute la valeur. Gardons-lui une place distincte parmi la vision des pièces les plus somptueuses; il ignore les riches sculptures, certes, mais ses lignes et volumes, mais

FIG. 83. — *La Vierge au voile*, par Raphaël (Musée du Louvre).

sa silhouette, se réclament impérieusement du style luxueux dont il est simplement l'ombre rationnelle.

Aux siècles nomades un mobilier instable ; c'est le fait du moyen âge dont les coffres ou arches, dont les tables et sièges pliants, représentent l'impossible vie paisible et, sous la Renaissance, le mobilier commencera à devenir permanent. Au fur et à mesure, les types de meubles se multiplient et, le confort finalement naît au bout de la sérénité. Mais nous n'en sommes pas encore là.

Pour l'instant, les meubles essentiellement architecturaux de notre bel art gothique commencent à céder progressivement devant les formes de la Renaissance italienne, surtout dans la France centrale et l'Ile-de-France ; c'est l'avènement d'une expression peut-être davantage affranchie de l'architecture (hormis sur la façade) et, au surplus, on inaugure au XVIe siècle les buffets à deux corps dont la nouveauté, avec celle des cabinets, inspirera la plupart de nos meubles modernes.

Il y a entre les meubles du moyen âge et ceux de la Renaissance, la même différence qu'entre les architectures de ces deux époques ; moins de grandeur sous la Renaissance mais davantage de séduction et, l'ornementation du meuble à l'égal de celle de l'édifice, s'est transformée. Aux fins décors en nervure et en bas-relief tendent de plus en plus à se substituer des sculptures en ronde bosse et, la figure humaine apparaît comme motif de décoration remplaçant souvent,

Fig 84. — *Tombeau de Laurent de Médicis*, par Michel-Ange.

la colonne ou les colonnettes; alternant aussi avec elles sous forme de cariatides, de gaines, de termes, de télamons, et, leurs dérivés dans le domaine du chimérique ou du fantastique, satyres, faunes, centaures, dauphins, chimères, etc., ajoutent à la fantaisie d'un ensemble spirituel et vivant complété par des guirlandes, cartouches, emblêmes (ceux-ci dans une pensée moins héraldiques, plus gracieux que le blason du moyen âge), rinceaux, trophées, bucranes, etc. Ornements à l'antique, certes, mais plutôt profanes pour rire, tellement ils manquent de gravité.

« Elle (la Renaissance) observe René Ménard, n'a pas retrouvé l'ampleur de l'acanthe romaine, ni les élégantes symétries de la palmette grecque, mais elle a repris ces types oubliés pendant le moyen âge, en y mêlant des mascarons, des fleurs ou des fruits, elle y a semé des figures et des animaux réels ou fantastiques, et elle a su racheter l'aspect parfois un peu grêle des ornements qu'elle chérissait, en les combinant avec des volutes et des enroulements simulés, qui présentent souvent l'apparence de copeaux ou de bois menuisé. Cette recherche des bandes plates se contournant dans les rinceaux ou dans les cartouches, parmi les arabesques et les feuillages, est peut-être ce qu'il y a de plus caractéristique dans l'ornementation de la Renaissance française. Les rinceaux sont presque toujours conçus dans un mode symétrique, puisque le centre est habituellement un masque, un médaillon ou une figure d'où partent les arabesques et les enroulements de feuillages qui se développent sur les côtés, mais il y a un tel caprice et une telle liberté dans ces ornements accessoires, que l'idée de fantaisie frappe notre esprit avant qu'il n'ait saisi la structure toujours très méthodique des combinaisons qui le charment. »

Fig. 85. — *Moïse*, par Michel-Ange.

Combinaisons, dessins, sculptures, très nettement en lumière ou peintures vives qui, contrairement à l'esprit du moyen âge, s'adaptent à toutes matières indifféremment, au mépris de leur convenance propre.

A côté des buffets précités, voici des crédences, bahuts, cabinets, qui, avec des salles à arcs-boutants voûtés, avec de grands sièges et chaises à arcatures rangés tout autour de la salle, constituent en grande partie le mobilier civil de l'époque.

« Tous les meubles dont la forme n'est pas strictement commandée par un usage vulgaire et journalier, écrit H. Havard (*Les Styles*), s'enveloppent de vraies façades de palais, les pieds des sièges s'arrondissent en colonnes; armoires, buffets, cabinets et crédences revêtent l'aspect de minces édicules surmontés de frontons, décorés de niches et de pilastres, enrichis de bas-reliefs, de tables d'attente et d'entablements.

« Mais, quelques variations que l'artiste exécute, aucune de ses créations n'échappe au caractère qui domine l'évolution. Le développement en largeur partout s'accentue, les lignes horizontales prennent une importance précédemment inconnue. Ce sont elles qui donnent non seulement à la structure du meuble, mais aussi à son ornementation, sa signification et son importance. »

C'est que maintenant l'art va jouir d'une liberté individuelle qu'il ignorait précédemment, et, l'observation de H. Havard, relativement à l'aspect de « vraies façades de palais » dont s'enveloppent les meubles, ne signifie pas que ces meubles accentuent leur préoccupation architecturale.

Effectivement, répétons-le, le meuble se dégage peu à peu, à l'époque de la Renaissance, des formes de l'architecture, si toutefois il affectionne ses atours et apparences décoratives. Ces dernières, d'ailleurs, variant autant au gré des régions de France et des époques de la Renaissance française que selon la facture des pays étrangers. Et voici que s'embrouille fâcheusement la « géographie de meuble » dont quelques auteurs ont parlé...

Fig. 86. — *Buste d'enfant*, par Luca Della Robbia.

Ne nous préoccupons pas, d'ailleurs, de cette géographie périlleuse où l'on risque de mêler les écoles de Tours, de Troyes, de Normandie, de Bretagne, etc. (nous verrons plus loin, lorsque nous parlerons du style Henri II, une école de menuisiers davantage précise) avec une insouciance égale à la fantaisie que les huchiers-menuisiers apportèrent dans leurs chefs-d'œuvre aux caractéristiques si contradictoires.

Continuons seulement d'indiquer les signes reconnaissables des meubles de style Renaissance en général, style d'une élégance et d'une distinction qui ne feront que croître, au fur et à mesure qu'ils toucheront à leur plus réelle personnalité.

Armoires à deux corps recouvertes de marqueterie; cabinets à l'antique, stalles décorées d'arabesques au-dessus desquelles figure une rangée de tableaux en marqueterie représentant des sybilles, des anges, des chimères tenant des banderoles, placés sous des portiques à colonnes.

Et ces tableaux, surmontés de bas-reliefs, bordés de colonnes et de moulures, sont couronnés d'une corniche formant dais dont les côtés extérieurs offrent des pinacles et des à-jours. Panneaux étroits décorés de légers bas-reliefs, au-dessus desquels sont des architectures ogivales supportées par des colonnettes. Ces panneaux étant partagés au milieu par une colonne et surmontés d'une galerie ajourée.

Panneaux divisés par des colonnettes engagées sur la partie inférieure desquels on aperçoit, dans des feuillages, les salamandres ou l'F de François Ier ou bien le hérisson de Louis XII, la levrette d'Anne de Bretagne, l'H de Henri II si souvent mêlé au croissant de Diane de Poitiers ; coffres en bois au soubassement orné d'arabesques formant niches garnies de sculptures; dressoirs en chêne, aux vantaux à mé-

FIG. 87. — *Statue de Coleoni*, par Verrocchio.

daillons ou à écussons entourés de guirlandes de feuillage à nervures très saillantes:

Frises au milieu desquelles grimace ou sourit un mascaron d'où sortent des rinceaux de feuillages légers. Cariatides accolées tenant des fleurs et des fruits, séparées par des niches à personnages.

Cabinets (d'origine certainement orientale) aux proportions de jour en jour plus amples. Ces cabinets compliqués, ordinairement montés sur des tables, et composés essentiellement d'un coffre à battants, rempli de casiers et de tiroirs, avec layettes et compartiments à portes indépendantes.

Fig. 88. — *Buste d'enfant*, par Donatello.

Armoires à deux corps et à quatre vantaux incrustés de marbre ou bien parés de bas-reliefs sur fond doré.

Coffres dont les figurines sculptées sont symétriquement séparées par des pilastres à grotesques, surmontés de petits génies, cernés de balustres, de moulures antiques : à godrons, à oves, à entrelacs, etc.

Et ces coffres (qui ont beaucoup perdu de leur importance à la Renaissance et disparaîtront sous Henri III), bahuts, sièges, cabinets partagent souvent aussi avec les lambris, le riche revêtement de cuir ciselé et estampé d'origine flamande et espagnole que des clous dorés accompagnent. C'est à l'Italie et à l'Allemagne (dès le temps de Charles-Quint) que nous sommes redevables des plus beaux cabinets. De ce pays vint la mode d'incruster les meubles de toutes sortes avec de l'os, de l'ivoire, de la nacre, courant en rinceaux légers sur le champ de bois jaspé et uni, et, en France, sous Henri II, cette charmante pratique fut aussi très en faveur.

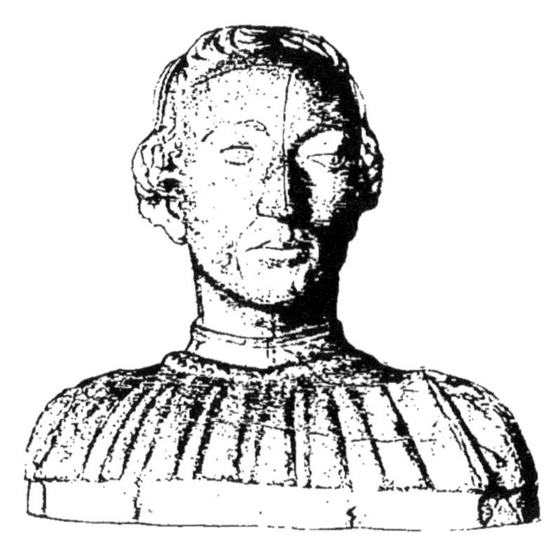

Fig. 89. — *Rinaldo della Luna*, par Mino da Fiesole (Musée de Florence).

Mais poursuivons l'étude de l'expression générale du meuble au point de vue décoratif.

Vantaux cintrés garnis de monstres aux corps terminés par des arabesques se faisant vis-à-vis ; pilastres supportés par des figures d'animaux ailés, de griffons ou d'hommes accroupis ; tiroirs à renflement.

Panneaux ornés de trophées représentant des feuillets, des instruments de musique, des armures, groupés sans complication avec un caractère très particulier qui n'emprunte ni à la noblesse de Louis XIV, ni à la galanterie du XVIIIe siècle.

Deux trompettes entrecroisées et liées par un ruban qui se termine en deux flottants ondulés suffisent pour faire un trophée dont la signification primitivement guerrière, emblême de la Victoire sous

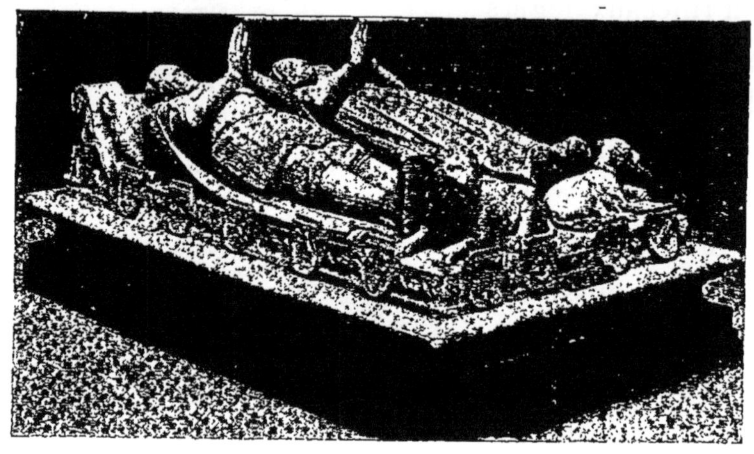

FIG. 90. — *Tombeau du comte Jean de Mérode et de sa femme Anne de Ghistelle.* (église Saint-Dymphe, à Ghéel, Belgique).

les Romains, représentait jadis les dépouilles du vaincu...

Ni solennité, ni alanguissement dans ces emblêmes d'une expression uniquement artistique.

Couvercles bombés, pieds à griffes pour supports, montants à cariatides ; cartouches tenus par des rubans, représentant des têtes de chérubins ; fleurons à enroulement, têtes de méduses, statuettes d'enfants entourées d'arabesques, placages en bois de

FIG. 91. — *Tombeau de Louis de Brézé* (Cathédrale de Rouen).

chêne, décors de croissants, de chiffres royaux ou seigneuriaux, de devises, de masques, de festons, etc.

Meubles à volets peints, sculpture (moins vigoureuse et plus plate qu'au moyen âge) en général engouée d'une mythologie gracieusement adaptée au goût du jour, pour retourner à l'antiquité sans qu'il y paraisse; décors où les signes du Zodiaque, les dieux antiques, les saisons, sont célébrés pêle-mêle dans des feuillages légers, dans des rinceaux coupés d'Amours aux ailes déployées, de guirlandes de fleurs ou de draperies.

Consoles revêtues d'appliques de marbre de couleurs, à frontons brisés, damasquinages, incrustations de pâte blanche (travail à la moresque, à la bretture), de nacre, d'ivoire, en place de sculptures, etc.

Peinture en camaïeu, dorures.

Les pieds, les soutiens, les nécessités de la charpente du meuble, enfin, sont autant de prétextes à l'originalité qui les pare en les dissimulant (montants masqués par des chimères, par des termes gaînés, anges formant des tenants, etc.).

Tout ce qui était sobre dans l'antique s'ouvrage maintenant; c'est la colonne dont les chapiteaux et les bases sont ornementés, tandis que le fût lui-même de cette colonne troque sa raideur contre une spirale désinvolte où s'enlacent des motifs de feuillage, à moins qu'elle ne soit annelée, cannelée, vermiculée perpendiculairement, à tambours (colonne française),

FIG. 92. — *Cariatides* (fragment) *de Jean Goujon*, au Louvre.

coupée de têtes d'amours ailés ou même remplacée par une cariatide.

Pieds de meubles disposés en éventail, pieds formés par des lions accroupis, par de grosses boules, par des termes ou des cariatides à tête de sauvage couronné, par des têtes de béliers, des figures d'aigle, des griffes, des grotesques.

Et le buffet à deux corps, les crédences (d'où dériveront un peu plus tard les dressoirs), les bahuts (supportant des pièces d'orfèvrerie et d'étain : écuelles, buires, flacons, pichets, aiguières), les coffres à arches, les dressoirs à baldaquin, les armoires, cabinets, etc., sont en bois de chêne, de noyer ou d'ébène, parfois rehaussés de clous ou de cuir souvent rouge (bahuts et coffres), ou incrustés d'or, d'ivoire, etc., au goût italien.

Voici d'autre part, des chaises à coffre, des scabelles, remplaçant richement les bancs précédents, des caqueteuses, sortes de fauteuils volants, des chaises à accoudoirs supportés par de minces balustres, des sièges de sangle rappelant le fauteuil de Dagobert ; des tables à balustre dont les extrémités sont occupées par deux colonnes surmontées d'un bas-relief ; des manteaux de cheminées en bois sculpté sur lesquels apparaissent des hommes d'armes abrités sous un dais à clochetons dentelés ; des chaires à dais, à arcatures, à hauts dossiers massifs ou ajourés, quelquefois peintes ou dorées ; des sièges seigneuriaux, capitulaires ; de vastes tables massives à pieds nombreux réunis par des arcs-boutants, dits comptoirs ; des lits monumentaux à colonnes baguées et à rideaux soutenant un dais, un baldaquin.

Fig. 93. — *Diane à la Biche,* par Jean Goujon (Musée du Louvre).

A partir du règne de Henri II, les quatre colonnes

qui supportent le dais des lits abandonnent les cariatides pour les *quenouilles.* Ces colonnes sont simplement tournées ou affectent des formes de balustres ou

Fig. 93 *bis.* — *Les Parques*, groupe attribué à Germain Pilon (Musée de Cluny).

de fuseaux. Les panneaux des lits sont abondamment sculptés ainsi que le chevet. Et ces panneaux disparaissent vers la fin du XVIe siècle sous des revêtements d'étoffe, tandis que l'on accède au lit surélevé à l'aide d'un marchepied. Lits somptueusement recouverts de velours ou de soie brodée; lits vastes aux formes carrées reposant sur des pieds en boule ou en toupie.

Pour en revenir aux cabinets, en voici sous Henri II avec les « colonnettes supportant des frontons imités de la décoration des ornements antiques, tandis que les vantaux des armoires sont ornés de bas-reliefs dont la faible saillie rappelle les ouvrages de Jean Goujon et de Germain Pilon ».

En voici reposant sur quatre pieds, et rappelons que ces cabinets sont bourrés de petits tiroirs que l'on n'aperçoit que lorsque les grands battants de

Fig. 94. — *Statue tombale de René de Birague,* par Germain Pilon (Louvre).

bois formant armoire qui les dissimulent, sont ouverts. Voici des portes à tambour, etc.

Il n'est pas jusqu'aux cheminées et aux toitures qui ne soient décorées et d'une élégance de forme recherchée. Cela est le propre de la Renaissance que d'embellir unanimement et pour le plaisir.

Aussi bien, n'était la fantaisie extrêmement renouvelée de leurs sculptures, plus ou moins en relief, exécutées avec un rare amour, les meubles de la Renaissance française (car ceux de la Renaissance italienne sont caractérisés au contraire par la bizarrerie de leurs mosaïques de pierres colorées et leurs figurines de cuivre) seraient plutôt monotones avec le ton monochrome de leur bois presque exclusif.

Fig. 95. — *Vierge de Douleurs*, par Germain Pilon (Louvre).

Quant à la variété de ces meubles elle est réduite, en somme, à une beauté esthétique sans confortable, à un effet d'expression frappant surtout dans les vastes châteaux pour lesquels ils furent créés et où ils figurent éperdus de sculptures, mais non plus échevelés à la façon du gothique fleuri.

L'abondante ferronnerie du moyen âge, au surplus, a maintenant presque disparu, et l'ébénisterie proprement dite, traitée par des spécialistes, ne viendra réellement qu'au XVIIe siècle, car, pour l'instant c'est la sculpture en plein bois qui domine (nous n'avons signalé la mode des incrustations que sous Henri II, et cette pratique durera jusqu'à l'époque de Louis XIV).

FIG. 95 *bis*. — *Les Trois Grâces* par Germain Pilon (Louvre).

Il n'empêche qu'à l'énumération des beautés ornementales précédentes, mais toujours sous Henri II, énumération où fatalement se heurtent des répétitions de l'architecture au meuble, il faut joindre celles que donnaient les niellures d'or, les incrustations de racines d'essences dures, de bois des îles, de marqueteries teintées au fer chaud ou gravées. Mais nous partageons l'avis de M. A. Champeaux lorsqu'il dit (dans *le Meuble*), à propos des expressions de la fin de la Renaissance marquée par Du Cerceau et Etienne Delaune, « un peu tourmentées et bien éloignées de la belle ordonnance des grands artistes comme Jean Goujon et Philibert Delorme, entre autres », que les menuisiers, alors, avaient perdu leurs convictions. « Ils supprimaient chaque jour une partie des sculptures et les remplaçaient par des incrustations de pâte, de nacre ou d'ivoire, faisant pressentir l'époque prochaine où ils suivraient les procédés nouveaux de l'ébénisterie étrangère. »

L'art du bois, si brillant pendant le moyen âge et la Renaissance, malgré la résistance du menuisier contre l'invasion des essences exotiques, des appliques de matières précieuses, commencera d'ailleurs à fléchir dans les premières années du XVIIe siècle. L'association entre le rêve de l'artiste et la réalisation du maître menuisier deviendra par la suite moins intime.

A propos de cette mêlée superbe des artistes et des artisans, au XVIe siècle, en dépit de la « hiérarchie des capacités », M. Lechevallier-Chevignard (*Les Styles Français*) constate que, grâce à la corporation (maintien du contrôle efficace et respect traditionnel de la profession) et à la maîtrise (qualité reconnue à l'homme placé hors pair par son mérite), cette alliance était des plus fécondes et témoignait de la part des artistes et artisans, d'un esprit de trempe peu commune vis-à-vis de tels « abaissements ». Puis l'auteur conclut judicieusement : « L'art cherchant à embellir toutes choses, le meuble et l'ustensile, l'épée du gentilhomme comme le compas du géomètre ou le mortier du droguiste, son action se trouvait infiniment plus étendue qu'en nos temps d'industrialisme banal. Clouet, peintre au titre de la cour, pouvait donc, sans déroger, couvrir de croissants et

FIG. 96. — *Judith.*
(Hôtel d'Escoville, à Rouen.)

d'emblèmes « de fin or et argent », l'intérieur d'un coffre du roi Henri II, et Cousin collaborer au livre de dentelles d'un imprimeur lyonnais... »

Nous donnerons maintenant quelques descriptions de meubles remarquables de l'époque Renaissance, qui viendront joindre leur intérêt à celui de nos gravures.

Voici des armoires dont les volets sont peints à l'huile par Bartheley dit Miniato, Germain Musnier et François et Jean Potier. François Seibecq, dit Carpy, maître menuisier et sculpteur venu d'Italie en France, a orné d'autre part, ces meubles, de même qu'il embellira avec son ciseau un jubé dessiné par Philibert Delorme dans la chapelle du château de Saint-Germain. Ce monument était à l'antique, soutenu par six colonnes d'ordre corinthien, avec les bases, chapitaux, armes royales et devises de Henri II.

Voici des armoires à deux corps nettement rattachées au style de Jean Goujon et de Pierre Lescot. Ces armoires, avec leur partie supérieure placée en retrait, font l'effet de deux dressoirs superposés. Aux angles sont des consoles sculptées et seulement dorées, revêtues encore d'appliques en marbre de couleur.

Il y a des armoires à deux corps à vantaux doubles ou unique, garnis de médaillons allégoriques.

Beaucoup sont soutenues par des colonnettes et l'on

en cite une remarquable, parmi ces dernières « dont

Fig. 97. — *Miniature.*

la partie supérieure offre un large bas-relief cintré représentant l'Amour couronnant Vénus, accompagné de deux statuettes de Bacchus et de Mercure placées de chaque côté dans un entre-colonnement ».

Voici « un meuble à deux vantaux séparés par une figure debout et dont les angles sont, de chaque côté, flanqués d'une chimère. Sur les vantaux, on voit d'un côté David tenant la tête de Goliath et, de l'autre, Judith tenant la tête d'Holopherne : ces figures sont placées sur un médaillon ovale encadré d'arabesques, et la frise qui court en haut du meuble, formée de rinceaux où reposent deux figures couchées, est conçue dans le style élégant qui accuse l'influence de l'école de Fontainebleau. »

Voici un cabinet à deux corps qui se réclame également de l'école de Fontainebleau. Ses portes rectangulaires sont décorées des figures de Diane et d'Endymion, tandis que sa partie supérieure représente la Terre et l'Eau. Trois niches avec statues d'ivoire sont placées entre les colonnes des angles et celles qui séparent les panneaux.

Ces colonnes sont parfois annelées, quelques-unes même (dans certains dressoirs) sont brisées, en leur longueur, par des têtes ailées (styles d'Étienne Delaune et de Du Cerceau).

L'influence des sculptures de Jean Goujon sur les travaux de menuiserie s'accuse durant la belle période de la Renaissance, et des bas-reliefs délicats passent de l'édifice sur le vantail des meubles, sur la

« ceinture » des sièges. Les plafonds, les lambris, les portes se disputent également ces délicieux enjolivements à fleur de bois.

FIG. 98. — *Dressoir.*

Meubles d'architectes, a-t-on dit, à propos des œuvres (des armoires à deux corps principalement) inspirées de Jean Goujon, et c'est là désigner une des conceptions la plus réussie sinon la plus caractéristique de l'époque de Henri II, époque où, répétons-le, le meuble avait principalement une structure architectonique.

Autres artistes du meuble célèbres sous la Renaissance : François Rivery, menuisier en titre de Catherine de Médicis, Hughes Sambin, Riolles, Richault, Louis Dupuy, Jean Huet, Noël Millon, Gilles Bauger, Clément Gosset, Etienne Cramoy, ce dernier qui, sous la direction de Pierre Lescot exécuta notamment les modèles des planchers et de l'antichambre de Henri II, au Louvre; Jean Jacquet qui, pour le même palais, fournit « quatre chandeliers en bois de noyer, à cinq branches et en forme de vases à godrons, portant des mascarons et des frises à l'antique » ; Ambroise Perret, auteur du modèle en bois de noyer d'un vase en forme de table carrée servant de drageoir, que les orfèvres italiens dressés par Benvenuto Cellini, devaient fondre en métal précieux, Pierre Coussinault, employé à la décoration du jardin de la Reine à Fontainebleau, etc.

Tous artistes entraînés dans leurs conceptions par des maîtres comme Jacques Androuet Du Cerceau et Étienne Delaune dont nous vantâmes, au chapitre de la gravure, l'esprit du burin, par des Jean Goujon et des Pierre Lescot au génie divers, aussi orgueilleux que condescendant. Et de cette communion d'art où les chefs-d'œuvre semblent se fondre tant ils sont harmonieux, résulte cet essor unanime des expressions de beauté merveilleuse. Les spécialités professionnelles n'apparaissent guère parmi cet élan d'enthousiasme en commun, et d'ailleurs, des Michel-Ange, peintre, sculpteur, et architecte, des Vinci, peintre, architecte, sculpteur, ingénieur, des Cousin, peintre, verrier, dessinateur et graveur donnent un sublime exemple d'une esthétique quasi-divine parce qu'elle sut s'affranchir des préjugés humains, dans une heure il est vrai, exceptionnelle.

Fig. 99. — *Fauteuil caqueteuse.*

La Renaissance marque, au résumé, l'éveil brillant de l'ébénisterie, de la ciselure, de la reliure et de l'orfèvrerie, du vitrail, de l'émail en manière de peinture (émail de Limoges) et de la céramique chantée par

Luca della Robbia, en Italie, par Bernard Palissy en France, et de la faïencerie d'Oiron et de celle, aux chefs-d'œuvre anonymes, d'Urbino.

C'est le triomphe de la serrurerie comme de la bijouterie, mais de la *petite* serrurerie qui, au XVIe siècle, atteignit au plus haut degré de perfection. Les clefs étaient alors aussi remarquables que les serrures, et les artisans en fer de Venise et de Milan exécutèrent des tables, des toilettes, d'une grande beauté et, dans le Nord de la France, dans les Flandres, sur les bords du Rhin, l'art de la ferronnerie ne fut pas moindre. Comme chef-d'œuvre de cette dernière expression, on cite le fauteuil exécuté par Thomas Bucker, en 1574, au musée de Kensington, à Londres.

Les premiers statuts de la corporation des serruriers de Paris datent de 1411 et ils furent renouvelés en 1543, sous François Ier, puis sous Louis XIV en 1652.

Quant à la bijouterie, après avoir développé son luxe en Italie, elle pénètre en France. Le goût de la forme, associée à la préciosité, est nouveau dans sa beauté, et déjà sous Louis XII, les bijoux sont d'une charmante élégance. On relève, à cette époque, des anneaux d'or ciselé, émaillés et ornés de perles en forme de poires, dits unions d'excellence. Jusque dans les étoffes et les harnachements, les pierres et les métaux

FIG. 100. — Table.

précieux jouent un rôle d'embellissement que la vaisselle même se dispute. C'est César Borgia qui, en 1499, donnera cette mode fastueuse aux seigneurs et, dans l'entrevue du Camp du Drap d'or, Henri VIII offrira à François Ier le riche collier qu'il portait au cou, tandis que le roi de France détachera de son habit un bracelet plus riche encore qu'il passera lui-même au bras du roi d'Angleterre.

Les bijoux tenaient alors une place prépondérante dans le costume et, d'après un auteur, Françoise de Foix, comtesse de Châteaubriant, « n'ayant pas de diamants dans ses splendides parures, lorsque François Ier lui donna l'ordre de remettre tous ses bijoux à la duchesse d'Étampes, sa rivale, les fit fondre en un seul lingot qu'elle lui envoya ».

Sous Henri II, les femmes étaient surchargées de bracelets, colliers, bagues d'après les modèles de Du Cerceau, de René Boyvris. La bijouterie flattée par l'art de tailler les pierres précieuses, si florissante à la fin du XVIe siècle, s'épanouit enfin, sous la Renaissance et les colliers, les chaînes de cou sont à pendeloques. Nous retrouvons ici, naturellement, le nom de Benvenuto Cellini qui, entre deûx épées, cisèle, pour les dames de la cour, des bagues à chatons, des broches et pendentifs merveilleux. Le maître italien nous a laissé d'ailleurs un chaud souvenir de son enthousiasme en faveur de la bijouterie, à qui il consacre tout un chapitre dans son *Traité d'orfèvrerie.* Les bijoutiers de la Renaissance, d'ailleurs, ont choisi pour patron saint Éloi, et ils ne font qu'un seul corps avec les orfèvres.

Michel-Ange, lui-même, et Jules Romain, ne dédaignent pas de donner des modèles de bijoux où,

Fig. 101. — *L'un des côtés de la table précédente.*

pour satisfaire au goût païen de l'époque, en réaction de l'art chrétien, des figures humaines rentrent dans le caprice de l'ornementation. Les bagues, un peu lourdes, animent leurs rinceaux, d'émaux, de cartouches, de banderoles et devises, tandis qu'un Ghiberti de Pollomolo cisèle de superbes miroirs agrémentés par Piera di Mona de précieux filigranes. Le poids de la riche matière n'est plus dès lors exclusif, c'est là une réelle révolution dans l'ornementation, au bénéfice de l'art. La vie déborde; les magnifiques cortèges passant dans une clarté éblouissante où le costume, que nous verrons plus loin, prend sa part de chatoiement, de douceur et de grâce.

Mais Henri II, dont le style est plus grave, tempère un peu ce ruissellement de joie dans le luxe, et cependant il se pare de boucles d'oreilles que les seigneurs de la Cour portent aussitôt avec délices. Cette mode efféminée qui s'accentuera sous le règne de Henri III, contraste sigulièrement, on l'avouera, avec une vertueuse répression. Louis XIII, lui, au moins, ignorera la faiblesse d'un exemple aussi contradictoire lorsqu'il édictera des lois somptuaires. En attendant, Catherine de Médicis, l'épouse de Henri II, est constellée de bijoux, et ses mains étincellent de bagues magnifiques.

Bref tout n'est que profusion de beauté à cette époque où la France s'inspire de l'Italie, dans les écarts même du goût qui est la base traditionnelle de son art. Aussi bien notre puissance esthétique nationale prend toujours sa source dans la sobriété, et il faut lui savoir gré de n'avoir pas perdu la tête parmi tant d'artifices.

Il est vrai que notre génie sut, le plus souvent, dominer l'exemple étranger, et cela est si vrai que les chefs-d'œuvre français se distinguent tous des chefs d'œuvre italiens, espagnols et allemands, par le tact dans la mesure, à la fois de la forme et de la cou-

Fig. 102. — *Fauteuil* (Musée des Arts Décoratifs).

leur. Et c'est un Du Cerceau qui souffle indifféremment au monument, au meuble ou au bijou, les inspirations de notre race, et c'est Jean Goujon, Germain Pilon, c'est Philibert Delorme qui portent le poids de notre indiscutable originalité, tandis que nos peintres demeurent à l'écart du glorieux mouvement, en attendant le XVIIe siècle qui les verra au premier rang.

CHAPITRE VIII

Le Costume

Le costume de la Renaissance appartient à la période dite artistique. Il vient après la période barbare « qui s'étend des Mérovingiens aux premiers Valois, jusque vers 1330 environ, avec ses formes gauloises, gallo-romaines, byzantines », et c'est la période moderne « commençant avec Louis XIII et correspondant à l'abandon presque complet des armes défensives (introduites dans la toilette, sous François Ier) » qui lui succèdera. Voici, des mieux situées la somptueuse époque dont nous parlons, entre l'habillement rudimentaire et le banal accoutrement où, peu à peu, nous avons glissé, après le dernier sourire des modes du XVIIIe siècle et celles du premier Empire jusqu'au retour des Bourbons, aurore détestable du goût bourgeois.

Si déjà les Croisades avaient apporté de profondes modifications dans le costume, surtout parce qu'elles firent affluer en Europe les riches étoffes d'Orient et développèrent le luxe, les découvertes maritimes de la fin du XVe siècle ne devaient pas moins favoriser l'échange des beaux tissus que les mœurs brillantes du règne d'un François Ier imposaient.

Nous avons dit avec quel enthousiasme l'industrie avait été exaltée, et nous ne reviendrons pas sur la vogue des velours, satins et soies à cette heure d'enchantement. Mais il faut insister sur l'esprit politique du vainqueur de Marignan qui, en octroyant aux ouvriers arrachés au pays de Dante, à prix d'or, des franchises et des privilèges, ferma du même coup, à l'Italie, les débouchés français, et c'est ainsi qu'en se pavanant, les belles de la Cour de François Ier étalèrent les bénéfices d'une industrie conquise.

Notre propre goût remportait d'ailleurs la victoire la plus décisive, car il sut tempérer dans leur exaltation les excessives parures qui eussent contredit à la beauté essentielle de la femme, pour laquelle le roi n'avait que des attentions. « Une cour sans femmes, disait-il, est une année sans printemps, un printemps sans roses », et, de fait, la cour de François Ier évoque celle de Louis XV dont l'éclat fut plutôt galant, tandis que la cour de Louis XIV devait être d'une mâle solennité.

Fig. 103. — *Chaise.*

Néanmoins Françoise de Foix, comtesse de Châteaubriant et Anne de Pisseleu, duchesse d'Étampes, « la plus belle des savantes et la plus savante des belles », ne sauraient frayer avec une « marquise » de Pompadour sous Louis le Bien-Aimé, et l'on est heureux de voir Mme de Maintenon résister aux sollicitations amoureuses du roi Soleil pour le plaisir seulement d'opposer le grand siècle au « règne du cotillon ».

Bref cette cour de François Ier, d'où nous allons

voir les costumes rayonner sur le monde, tient de l'éblouissement. Moins puissante que les cours de Charlemagne et de Louis XIV, elle fut davantage chatoyante et son influence intellectuelle sur l'Art et les Lettres, témoigne d'un superbe éclectisme. Successeur du parcimonieux Louis XII, François Ier, a-t-on dit, fut le plus dépensier des rois, et il faut voir dans son geste de générosité impulsive, les raisons d'un faste que seul le grand Roi sut renouveler comme en réaction de la simplicité quasi-paternelle de Henri IV et de l'humeur assombrie de Louis XIII. Il est vrai qu'après François Ier, Henri II ramènera l'art et la cour à plus de gravité ; mais cela n'est que le prélude de cette rigueur classique, qui, en passant par les fils de Henri IV, et après Louis XIV, se poursuivra dans l'esthétique jusqu'à Louis XVI, inclus, malgré les délicieuses incartades de la Régence et de certaine phase du style Louis XV avant la vertueuse répression de Mme de Pompadour. Rigueur classique qui, après la Révolution, reviendra avec Napoléon Ier, pour dominer définitivement sinon pour écraser, au nom de la tradition gréco-romaine, la personnalité de notre génie.

Néanmoins, si nous abordons plus catégoriquement le costume, nous remarquerons que sous la Renaissance, il n'en fut pas de même que sous le premier Empire, où l'on rêva un instant de revêtir la toge et la chlamyde pour égaler plus complètement les héros de l'Olympe !

Effectivement les traditions de l'antiquité qui avaient été ramenées par la Renaissance, ne devaient avoir aucune répercussion, même en pensée, dans le costume. « Malgré la passion que le monde affectait pour les Grecs et les Romains, constate René Ménard, aucune tentative n'a été faite alors pour ressusciter les vêtements à grands plis » ; nous sommes loin, d'ailleurs, avec la conception si parfaitement originale de la Renaissance, de la curieuse compilation esthétique de Napoléon Ier, où nos déco-

Fig. 104. — *Chaire.*

rations intérieures comme nos ameublements et costumes s'attachèrent, durant quelques années, à n'être que le reflet et la copie infidèle de la Rome impériale.

Mais passons, au-dessus des préoccupations de l'esthétique il y a les tyrannies de l'industrie qui conduit la mode autant que le caprice. C'est ainsi

FIG. 105. — *Petit bahut.*

qu'au début du XVIe siècle, la fabrication du drap, si active précédemment, baissa tout à coup, et celle des lainages sans souplesse lui fit place. D'où la préférence des nobles et des riches pour le velours et les draps de soie, tandis que le commun se partageait la serge et l'étamine.

Aussi bien les progrès accomplis dans le travail de la toile devaient pousser à son ostentation, et cela fut l'origine de ces « crevés » qui laissaient apparaître le linge du corps depuis les pieds jusqu'aux épaules.

FIG. 106. — *Bahut.*

Commencée sous Charles VIII, cette mode des crevés devait s'épanouir au temps de François Ier.

D'autre part la quasi rigidité des velours et des draps de soie, qui contredisait aux chutes naturelles, dicta la façon des vêtements ajustés, tourmentés même, et les *vertugadins*, enfin, nous servirent la difformité du corps féminin, qui mit singulièrement le comble à la contradiction de l'antique, en sa grâce et sa simplicité.

Fig. 107. — *Fauteuil.*

Nous emprunterons maintenant, à François Rabelais, la description des costumes féminin et masculin, avant 1530, et nous les commenterons au passage.

« Les dames portaient chausses (bas) d'écarlate ou de migraine (vermeil) ; etlesdites chausses montaient au-dessus du genou juste de la hauteur des trois doigts, et la lisière était de quelque belle broderie ou découpure. Les jarretières étaient de la couleur de leurs bracelets (ou brassards), et serraient le genou par dessus et par dessous.

Les souliers, escarpins et pantoufles, de velours cramoisi, rouge ou violet étaient déchiquetés à barbe d'écrevisse (Brantôme a dépeint les patins gracieux dont les belles dames du temps jouaient du bout du

Fig. 108. — *Ensemble de panneaux décoratifs.*

pied avec un esprit sans pareil, et, en dehors de mules en velours, elles portaient aussi des escarpins pointus « et point quarrés par devant », le plus souvent blancs en soie brodée, et elles affectionnaient aussi le cuir gaufré, estampé d'or au fer chaud).

« Par dessus la chemise (Clouet, chargé dit-on, d'enluminer le riche missel de Catherine de Médicis, représenta Marguerite de Valois, auteur d'un ouvrage intitulé : *Miroir de l'Ame pécheresse*, en « Ame pure », c'est-à-dire revêtue d'une chemise symbolisant la candeur et l'innocence, selon le rite des sculpteurs du XVe siècle, qui réservaient aux seuls damnés la nudité) elles vêtaient la belle vasquine (sorte de corset en étoffe). La vasquine de Françoise de Foix est raidie par un *buste* de métal, ancêtre de notre busc moderne. Diane de Poitiers porte aussi la vasquine qui vécut de 1520 à 1535. Le busc de ces vasquines est en bois ou en métal enrichi de pierreries, gravé de galantes devises. Il y eut aussi des vasquines tout en fer ou bien cerclées de bois, formant un corset rigide recouvert de quelque beau camelot de soie (tissu de la famille des taffetas et des tapis fabriqués alors en Italie). Sur

Fig. 109. — *Chaire.*

la vasquine passait la vertugale (ou vertugadin, bourrelet garnissant les hanches et enflant l'ampleur des jupes de taffetas blanc, rouge, tanné, saumon, gris, etc). Au-dessus, la cotte (robe de dessous posée sur le vertugadin) de taffetas d'argent, faite à broderie de fin or entortillé à l'aiguille, ou bien, selon que bon leur semblait et conformément à la disposition de l'air, de satin, damas, velours orangé, tanné, vert, cendré, bleu, jaune clair, rouge cramoisi, blanc : de drap d'or, de toile d'argent, de cannetille,

FIG. 110. — *Chaise.*

de broderie, selon les fêtes. Les robes, suivant la saison, de toile d'or à frisure d'argent, de satin rouge couvert de cannetille d'or, de taffetas blanc, bleu, noir (les couleurs noire et blanche étaient les préférées de Diane de Poitiers), tanné; de serge, de soie camelot, de soie, velours, drap d'argent, toile d'argent, or tiré, velours ou satin pourfilé d'or en diverses portraitures.

Fig 111. — *Fauteuil.*

« En été, quelquefois, au lieu de robes, elles portaient belles marlottes (demi-robes ouvertes ou casaques ouvertes par devant, plus courtes et plus légères que la robe) des étoffes susdites, ou des bernes à la moresque (marlottes sans manches, variété du vêtement courant appelé « corset ») de velours violet à bordures d'or sur cannetille d'argent ou à filet d'or, garni aux rencontres de petites perles indiennes. Et toujours le beau panache (bouquet de plumes d'autruche qui servait d'éventail en été et d'écran en hiver) selon la couleur des manchons (ou manches postiches). Les manchons tels que nous les entendons aujourd'hui étaient en velours noir ou brocart doublé en fourrure noire de loup-cervier, de martre de Calabre et une fermeture de bouton d'or ou autre joaillerie ornait leur extrémité. On les appelait « contenances » (ainsi que de petits miroirs, flacons à parfums, clefs, et autres menus objets comme le panache susnommé), que la main caressait pour se donner une contenance, sous François Ier. Ces « contenances » étaient soutenues par de longues chaînes d'or, chapelets ou cordelières dits « patenôtres » et descendaient jusqu'aux pieds ; manchons en velours ou brocart doublé de fourrure et dont les extrémités étaient closes par des boutons d'or (ou

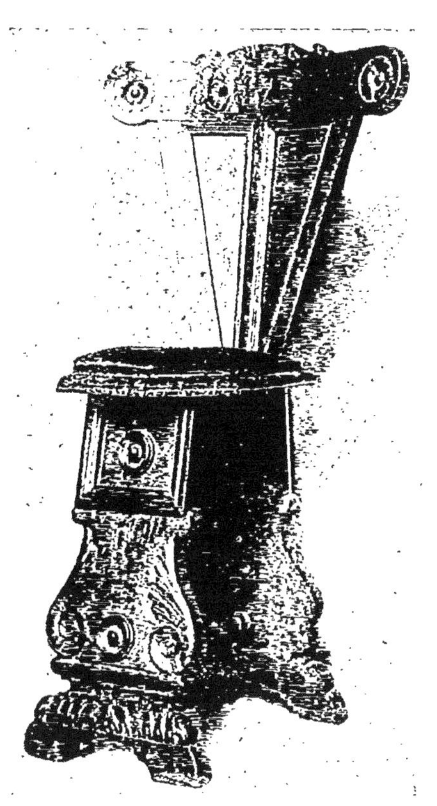

Fig. 112. — *Chaise.*

autre joaillerie) bien garnis de papillettes d'or.

« En hiver, robes (ou vêtement de dessus, taillé en carré et assez décolleté sur la poitrine, couvrant le corsage et s'ouvrant en pointe à la taille), où apparaissait seulement la cotte, comme une redingote. Les manches de la robe s'arrêtaient à la saignée, se retroussant largement pour retomber en manière de sacs, sous le coude. Le bras était protégé par la chemise qui s'évasait en manchettes, au poignet, et tout le parcours du bras était coupé de manchons ou brassards — que François Rabelais appelle des bracelets — reliés les uns aux autres par des rubans de taffetas de couleur comme dessus, richement fourrés.

FIG. 113. — *Dressoir.*

« Les patenôtres, anneaux, jazerans (chaînes de cou), carcans (colliers) étaient de fines pierreries, escarboucles, rubis balais, diamants, saphirs, émeraudes, turquoises, grenats, agates, perles, bérils et unions d'excellence.

« L'accoutrement de la tête était selon le temps : en hiver à la mode française (Diane de Poitiers enveloppait son opulente chevelure dans une coiffe d'étoffe somptueuse bordée de deux rangs de grosses perles et brodée de pierreries et, auparavant, la reine Claude également se coiffait à la *française*, avec templettes ou oreillettes, et chaperon, suivant la mode du temps de Louis XII) ; au printemps, à l'espagnole (c'est-à-dire le chapeau de feutre et plutôt une toque posée sur des cheveux en bandeaux) ; en été à la turque (sans doute à *la toscane*, sorte de calotte souvent en velours, grillagée d'or et entourée d'un bandeau de pierreries, tandis que le bonnet italien, comme celui que portait la

Fig. 114. — *Armoire à deux corps.*

reine Éléonore, consistait en une simple toque sans garniture, hormis un trophée de plumes et une agrafe de joaillerie dite « enseigne » que l'on plaçait sur la tête en l'inclinant légèrement); excepté les fêtes et dimanches où elles portaient accoutrement français, parce qu'il est plus honorable et sent mieux sa pudicité matronale. »

Fig. 115. — *Bahut.*

Avant de passer à l'étude du costume masculin qui, sous la plume de François Rabelais encore, nous renseignera en toute saveur et exactitude, nous complèterons l'énumération et la description des atours féminins.

Dans la coiffure, une orfèvrerie légère, des perles et autres pierres précieuses se mêlent à des résilles d'or. La belle Ferronnière coiffée à l'italienne, rejette

FIG. 116. — *Ensemble Renaissance* (Musée Jacquemart-André).

sa chevelure en arrière à l'aide d'un ruban enrichi de pierreries qui s'enroule autour de la tête, laissant pendre sur le front, au milieu, un joyau. Sous François Ier, la coiffure principale est un bourrelet, une sorte de couronne chevauchant en arrière sur une calotte de velours où s'entrecroise un treillis d'or et de perles. L'infortunée veuve de François II, Marie Stuart, donnera enfin son nom à une coiffure en raquettes, en poire, soutenue par une armature qui rehaussait ses cheveux relevés en racines droites et mis ensuite en spirales autour de la tête.

Voici de clairs manteaux de cavaliers dans lesquels s'enveloppent les femmes au cours de leurs chevauchées équestres ; voici des gants brodés d'or, somptueusement décorés ; voici des éventails en nacre de perle — celui que Marguerite de Valois offrit à la femme d'Henri III ne coûta pas moins de 1.200 écus ; — voici naître l'ombrelle, sous Henri II, et Catherine de Médicis, au déclin de sa vie, appuiera sur une haute canne sa marche chancelante ; voici l'essor de la lingerie et de la dentelle favorisé par cette même reine dont l'auguste époux lancera la mode des *fraises* importée d'Italie ; voici enfin que s'ouvre en France l'ère des parfums, et la vanille, le genêt d'Espagne, le musc, embaument de préférence.

En attendant que nous complétions ces notes par une impression générale du costume féminin particu-

FIG. 117. — *Armoire à deux corps* (Musée du Louvre).

lière à l'époque de Henri II, nous poursuivrons notre matière par l'examen du vêtement et de la parure masculins.

Mais auparavant, nous rêverons un peu sur le singulier mélange de grâce et de perfidie que le costume merveilleux de la Renaissance nous révèle. La dague empoisonnée, cette dague admirablement ciselée par quelque Benvenuto, se glisse sous le pourpoint de soie. N'oublions pas que c'est du règne de François Ier que date l'introduction un peu barbare des armes dans la toilette. César Borgia inventa des poisons moins subtils que ceux dont le parfumeur de Catherine de Médicis, René, imprégna les gants destinés à Jeanne d'Albret, l'infortunée reine de Navarre, et une larme mortelle dort encore au chaton de tant de jolies bagues de femmes !

Aussi bien l'astuce italienne que le vainqueur de Marignan tenait de Louise de Savoie, sa mère, semble hanter ces sourires et ces froufrous derrière lesquels s'abritent tant de noirceurs.

Reprenons enfin le texte de Rabelais qui nous éclairera, maintenant, sur le costume des hommes, au temps de François Ier.

« Les hommes étaient habillés à leur mode : chausses (ou hauts-de-chausses. Les chausses, qui deviendront au XVIIIe siècle une culotte, puis le pantalon, furent généralement étroites jusqu'au règne de François Ier

FIG. 118. — *Armoire à deux corps* (Château de Fontainebleau).

et de plus en plus larges jusqu'au règne de Henri III, suivant les modes venues d'Allemagne et aussi d'Orient), pour les bas (ou partie des chausses qui couvrait la jambe) d'étamet ou de serge drapée (sorte de mérinos), en écarlate, migraine, blanc ou noir; pour les hauts, de velours des mêmes couleurs,

Fig. 119. — *Coffre.*

ou bien près approchant; brodées et déchiquetées selon leur invention (il y avait toutes sortes de hauts-de-chausses, balafrés, tailladés, par les ouvertures desquels sortaient de la toile, du satin, etc.). Le pourpoint (corps de vêtement court sous François Ier avec ou sans basques; sorte de gilet s'attachant dans le dos, laissant apparaître à l'encolure une chemise froncée que l'on apercevait aussi sur la poitrine à travers les crevés et balafres) de drap d'or, de velours, satin, damas, taffetas des mêmes couleurs, déchiqueté,

Fig. 120. — *Armoire à deux corps* (Musée du Louvre).

brodé et accoustré à l'avenant, les aiguillettes (qui

attachaient les chausses au pourpoint) de soie des mêmes couleurs, avec les fers d'or bien émaillés.

« Les saies (sorte de tunique ouverte en pointe jusqu'à la ceinture où une jupe à tuyaux s'évasait) et chamarres (veste longue et très ample formée de

Fig. 121. — *Bas d'armoire.*

bandes de soie et réunies par un galon) de drap d'or, drap d'argent, velours pourfilé à plaisir.

« Les robes autant précieuses que celles des dames. Les ceintures de soie, des couleurs du pourpoint. Et chacun la belle épée au côté, la poignée dorée, le fourreau de velours de la couleur des chausses, le bout d'or et d'orfèvrerie. Le poignard de même. Le bonnet de velours noir, garni de force bagues et boutons d'or; la plume blanche mignonnement partagée de pail-

FIG. 122. — *Armoire à deux corps* (Style Henri II).

lettes d'or, au bout desquelles pendaient en papillettes beaux rubis, émeraudes, etc.

François Ier sur sa chevelure très courte par devant et tombant en larges boucles sur les épaules en arrière et sur les côtés, porte un chapeau à bords rabattus, témoin le portrait du Titien. Mais, à la suite d'un accident, le roi ayant été obligé de raser ses cheveux, les courtisans l'imitèrent, et de là date l'usage de porter les cheveux courts auquel Henri II et ses fils se conformèrent par la suite. Il est à remarquer que pendant tout le moyen âge, la Renaissance et jusqu'au milieu du XVIIe siècle, la coupe des cheveux varia, mais qu'il ne fut pas question de postiches.

Passons maintenant au costume de la femme sous Henri II. La réforme va assombrir d'un voile noir l'arc-en-ciel précédent. Dès 1549, le roi se montra hostile au luxe, et la qualité comme la couleur des étoffes sont déterminées selon chaque classe de la société. Le cramoisi est réservé aux princes et princesses pour le costume complet, tandis que le reste de la noblesse n'a droit à cette couleur que pour une seule pièce du vêtement et que toutes nuances hormis le rouge, si ce n'est le rouge éteint, sont tolérées au peuple. C'est l'heure des édits et des prescriptions, des querelles somptuaires et religieuses.

La robe des femmes, si gracieusement décolletée sous François Ier, va devenir montante et moins large

Fig. 123. — *Tabernacle.*

par le bas, elle calmera un peu l'évasement en entonnoir de la précédente jupe. Les vertugadins aussi sont moins exubérants et, du corsage à pointe partent

Fig. 124. — *Table* (style de Du Cerceau).

comme deux ailes ; une petite basque enfin ajoute au corsage un caractère nouveau que des manches couvrant toute l'étendue des bras, complètent. Manches et corsage où, par des fentes fermées avec des nœuds de rubans ou des bijoux apparaissent des trésors de

Fig. 125. — *Lit de milieu* (Musée de Cluny).

linge — dont on était si friand alors — de soie ou de satin plus clair que l'harmonie générale de la toilette. Ce n'est que sous Henri III qu'un petit collet, luxueusement décoré de passementeries d'or et de perles, sera jeté sur les épaules des femmes et aussi des hommes.

FIG. 126. — *Table en noyer.*

Du côté des hommes, ensuite, le costume sous Henri II ne devient pas moins sobre. Il est au surplus d'une élégance supérieure. Le sayon, sorte de veste à grandes basques, colle gracieusement au corps dont une ceinture, où pendent d'un côté une épée et de l'autre une sorte d'aumônière, accuse la sveltesse à la taille. La sévérité de ce vêtement de velours ou de soie, généralement rayé, se rachète par la désinvolture d'un petit manteau à collet.

Fig. 127. — *Chaise.*

Et les chausses, qui ne sont autres qu'une courte et ample culotte montant très haut sur les cuisses, sont faites de bandes juxtaposées verticalement ou d'une étoffe bouffante. Quant aux jambes, moulées dans un

FIG. 128. — *Tapisserie Renaissance* (Musée des Arts Décoratifs).

maillot de soie, elles ne dissimulent rien de leur galbe tandis que les pieds disparaissent dans des souliers à crevés.

Plaçons maintenant sur les cheveux courts de Henri II, une toque à plume ou à aigrette, jetons sur son riche sayon les splendeurs d'une chaîne de cou à médaillon, et nous aurons l'impression de notre personnage. Puis, avec Henri III, la riche fraise à tuyaux à plusieurs rangs ajourés de riche dentelle, débordera jusqu'au col des femmes.

C'est le retour du luxe effréné avec l'épanouissement des vertugadins, à la taille étroitement sanglée et des manches également gonflées de bourrelets. Le décolletage, enfin, réapparaît généreusement, et la tête des belles s'orne d'un « corno », petit chapeau pointu couvert de pierres précieuses et posé sur un long voile très fin. La mode des hommes est alors très efféminée. Il faut évoquer la silhouette parfumée de Henri III parmi sa cour frivole, pour goûter toute la curiosité de cette époque où le souverain partage sa vie entre ses mignons et ses chiens qu'il porte toujours dans une corbeille. Mais celui qui fut l'un des instigateurs de la Saint-Barthélemy et le

FIG. 129. — *Fauteuil.*

meurtrier du duc de Guise, davantage que le héros de Jarnac et de Moncontour, tombera sous les coups d'un moine ligueur. Et c'est dans le sang que baignera le fils de Catherine de Médicis tout de satin blanc capitonné, vêtu, cette fois, d'une culotte à la mode de son temps, serrée au-dessous du genou par une boucle, coiffé d'une toque à plis, bouffante.

CHAPITRE IX

Les Styles après la Renaissance

Henri II est mort tragiquement ; Marie Stuart, tendre épouse de François II, s'étiole dans la cour anémiée de ce roitelet, et Charles IX revendique hautement la responsabilité de la triste Saint-Barthélemy. Henri II, très inférieur intellectuellement à son père, avait succédé sans entrain à François Ier, et la guerre religieuse ensanglanta les rives de la Seine sur l'ordre du fils de Catherine de Médicis. Puis Henri III meurt sous le poignard du ligueur Jacques Clément. C'est la France dévastée par huit guerres civiles, divisée par de sanglantes haines que la maison des Valois laisse en héritage à la branche des Bourbons représentée par Henri IV. C'est en somme, la France dégénérant, après François Ier, dans le trouble et la discorde; c'est l'écroulement du luxe et de la beauté, la fin d'une apothéose. Un régime paternel, bourgeois, si l'on peut dire, s'offre à panser

Fig. 130. — *Fauteuil.*

les plaies nationales, et si d'aucuns ont cru devoir prolonger la Renaissance jusqu'au règne de Louis XIII, rien, personnellement, ne nous y invite. Henri IV collabora au style Louis XIII, qui est très caractéristique et très différent de celui de la Renaissance, aussi triste que ce dernier était riant. Au surplus, en attendant que nous insistions sur d'autres différences esthétiques, le fils d'Antoine de Bourbon et de Jeanne d'Albret entreprend l'œuvre de réorganisation de la France et la restauration de l'autorité royale; graves préoccupations qui ne lui laissent guère le temps de protéger les arts.

Fig. 131. — *Petit lutrin.*

Sully, protecteur de l'agriculture, est le grand homme de l'époque et, si Henri IV relève les industries françaises tombées en décadence, il faut surtout penser que, sous l'impulsion précédemment acquise, l'art a seulement continué à vivre de sa propre vitalité. D'ailleurs, les guerres de Religion n'ont entassé chez nous que ruines, et si, à travers nos désastres politiques et financiers, Henri IV a conservé toute sa jovialité, il n'en sera pas de même de son fils aîné, Louis XIII, au front morose.

Et, néanmoins, s'il n'y a point de style Henri IV proprement dit, le style Louis XIII, répétons-le, est typique d'autant qu'il est né de ces heures d'émoi dont il reflète le souci, résume et cristallise la gravité depuis la Renaissance.

Fig. 132. — *Cadre.*

Mais revenons en arrière, et, avant de quitter la Renaissance où communient dans le chef-d'œuvre à la fois l'expression italienne et française, saluons-la en reconnaissant que si le nom de Périclès demeure, dans l'antiquité, attaché à la grandeur de la Grèce, que si les noms des Médicis, des Jules II et Léon X sont inséparables de la Renaissance italienne, le nom de Francois Ier, après celui de Charlemagne et avant celui de Louis XIV, n'est pas moins glorieusement lié à l'histoire de notre art.

Nous voici de retour, maintenant, à la fin du XVIe siècle. Nous distinguons en Italie une nouvelle

Renaissance dominée par le sentiment religieux. De là naît un style dit *Jésuite*, parce qu'il émane des Jésuites qui le propagèrent dans toute la chrétienté. On retrouve le style Jésuite jusqu'en Amérique et en Chine ; il revient, en France où il se répand aux XVIIe et XVIIIe siècles, au style ogival, bénéficiant, ou mieux

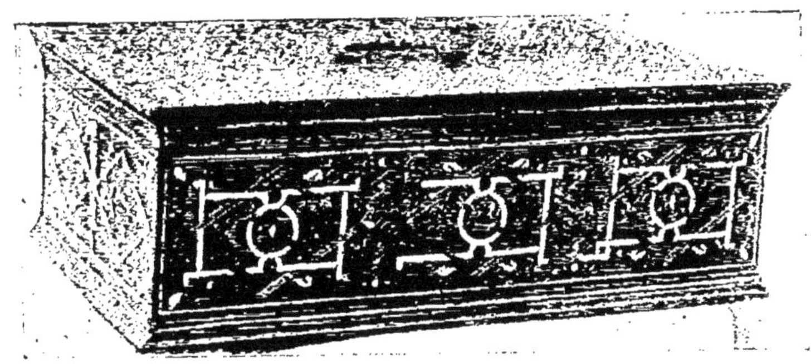

Fig. 133. — *Coffret.*

s'altérant des innovations de la Renaissance. Il ne brille ni par la simplicité ni par la correction, mais sa grande richesse ne laisse pas que de produire un certain effet.

Caractéristique du style Jésuite : les *ailerons*, motif d'architecture sans utilité pour la construction, destiné seulement à racheter la diminution de la largeur dans le second étage, car le premier étage correspondait à la grande nef et aux bas-côtés, grâce à un ordre de colonnes qui changeait au second étage, pour ne plus correspondre, au moyen d'un second ordre, qu'avec la grande nef dont les voûtes s'élevaient au-dessus du toit des bas-côtés. Exemples de style Jésuite en Italie : la *cathédrale de Turin*, par Baccio Pontelli ; l'*église du Jesu ;* et, en France : *Saint-Thomas-d'Aquin*, *Saint-Roch*, etc.

Fig. 134. — *Bijou pendentif.*

Mais, après avoir rendu justice aux œuvres également remarquables dues au XVIIe siècle au Bernin, à Scamozzi, à Longhena, en Italie, nous reviendrons plus spécialement à l'architecture française sous Louis XIII, et reprendrons ainsi l'ordre chronologique. Entre les deux règnes des Valois et des Bourbons, notre art national a manqué d'inspiration collective et de haute influence unitaire ; il a vécu plus que jamais d'emprunts. Il est devenu érudit, brillant, souvent délicat et sensuel, mais il a cessé de représenter franchement un système d'idées

Fig. 135. — *Bijou.*

et de sentiments clairement définis comme au moyen âge. L'originalité va s'affaiblissant.

L'architecture de Henri II, malgré le grand nom de Philibert Delorme, appartient à cette catégorie de

FIG. 136. — *Tapisserie* (Musée des Arts Décoratifs).

l'art qui décline encore avec les derniers Valois. Avec les Bourbons domine l'influence des Flamands dont le goût pour les formes un peu lourdes est partagé par l'Espagne, alors si puissante, si riche, si dominante.

La Renaissance avait trouvé sa grâce dans une variation spirituelle, bien française, de la donnée italo-antique, et, dès le XVIIe siècle, notre art devenu aristocratique, commence à s'enfermer dans le dogme étroit du classicisme et de l'académisme d'où s'envoleront nos pures traditions nationales et originales.

Or, avant que le point culminant architectural des

FIG. 137. — *Émaux.*

Bourbons ne soit atteint sous Louis XIV, c'est-à-dire avant que l'influence italienne ne revienne contrebalancer celle des Flamands et que ne s'accuse un goût très développé pour l'antiquité romano-grecque, l'ère de Henri IV et de Louis XIII ramènera l'art à cette austérité que le roi Soleil devait apprivoiser.

Comme en haine de la gaîté de la Renaissance, dans l'âpreté du moment, et puis aussi pour venir en aide à son génie défaillant, le fils de Henri IV réprima les écarts de la ligne égarée dans l'excessive arabesque,

FIG. 138. — *Faïence d'Oiron.*

tout comme Louis XIV devait, plus tard, condamner le goût « sauvage » de nos « grossiers aïeux ». Aussi bien l'*école classique*, avec les réformateurs des dernières années du XVIIIe siècle, mènera enfin les styles à l'abîme, épuisés qu'ils seront d'avoir tant bu aux sources d'art grecques et romaines. Bref, succédant aux règnes de Henri III et de Henri IV, l'ère de Louis XIII sera sombre et lourde, à la couleur du temps. L'art flamand, aux opportunes massivetés, s'associera maintenant à l'art italien pour tempérer son exubérance, pour refréner sa sveltesse et sa fantaisie décadentes.

FIG. 139. — *Vase* (dessin).

L'architecture, ainsi, pèse de tout l'écrasement de son fronton et les meubles font de même. Seules persistent, du sourire précédent, la blancheur légère d'une dentelle au costume sombre et l'association de la brique rose à la pierre blanche et à l'ardoise grise. Cependant, comme pour racheter son austérité, l'architecture va devenir moins égoïste, c'est-à-dire moins exclusivement offerte aux caprices de l'habitant. Les palais royaux, aussi bien que les demeures privées, serviront main-

FIG. 140. — *Chandelier* (dessin).

tenant l'ensemble de l'esthétique au lieu de demeurer orgueilleusement à l'écart. L'idée d'une communion avec le peuple semble germer à cette époque où Louis XIII s'appelle *le Juste* après l'institution démocratique de la « poule au pot », chère à Henri IV ; mais, avec la tyrannie d'un Louis XIV, tout change, et le soleil va luire à nouveau avec un éclat merveilleux. C'est la morgue qui apparaît dans les arts après un intervalle de simplicité et d'hésitation ; c'est la discipline des pratiques de la beauté qui succède au libre essor du génie de la Renaissance; c'est l'art officiel enfin, qui point derrière notre gloire originale, au nom de la tradition.

FIG. 141. — *Buire.*

Louis XIV entendit subordonner le culte des dieux et de Dieu même à celui du vice-Dieu qu'il incarnait sur terre. Et l'on emprunta aux Grecs leur grandeur, aux Flamands, un peu de leur lourdeur, aux Italiens leur fantaisie, dominées, néanmoins, par notre génie national, qui dompta toutes ces inspirations sous sa superbe.

C'est l'avènement de l'aspect grandiose, de cette solennité, ennemie presque du pittoresque, dus à un retour plus complet aux ordres et aux détails antiques, en haine décidée des œuvres gothiques considérées désormais comme barbares. En somme, le geste architectonique de Louis XIV, profiteur des indications de

FIG. 142. — *Chandelier* (dessin).

Louis XIII, fut seulement plus ample, plus magnifique; il éclaboussa de lumière l'ombre précédente.

Si la brillante cour de François Ier était née de l'exemple italien fertilisé sur notre sol et naturalisé, la cour de Louis XIV prit encore davantage d'extension et, cette fois, notre art servit de modèle au monde entier. On ne peut pas dire que cet art fut original, mais il faut insister sur sa tenue et sa richesse décorative, sur son unité puissante, somptueuse, et d'où dérivèrent des lois et des institutions éternelles.

FIG. 143. — *Vase* (dessin).

C'est Louis XIV qui créa l'Académie des Inscriptions et Médailles, les Académies des Sciences, de Musique, d'Architecture, etc., c'est Louis XIV, enfin, qui, dans le principe de la puissance absolue, imposa l'art et la littérature classiques qui constituent encore aujourd'hui le fond de notre enseignement. Et cette impassibilité méthodique, source d'une expression royale plutôt que personnelle, est curieuse à noter à travers les mouvantes conceptions de la forme et de l'idéal, à travers l'exemple des siècles.

A l'esthétique féminine d'un Jean Goujon a succédé une forme opulente et massive inspirée des femmes Flamandes, qui se reflète jusque dans le mobilier du

FIG. 144. — *Coupe en faïence dite « d'Oiron ».*

temps de Louis XIII et un peu à l'époque de Louis XIV. Les solides pilastres remplacent ainsi les frêles colonnettes, les carnations potelées la grâce fuselée. Après la cour galante de François Ier, la cour éminemment masculine du roi Soleil; après le port de la chevelure, celui des coins timides et enfin la perruque monumentale pour rehausser la façade du surhomme!

Le fauteuil de Louis XIV est éminemment symbolique ; il est vaste au dos et au siège, trop vaste pour le juste déploiement de la joliesse, ses bras sont trop

Fig. 145. — *Émail de Limoges.*

carrés pour accueillir le geste rond, et il est capitonné sans excès pour seulement aider à la noblesse du maintien. Anguleux, enfin, comme la révérence du temps, il est doré comme un soleil. Placez ce fauteuil parmi des meubles du XVIIIe siècle, il semble les toiser du haut de sa morgue; impassible devant le sourire des « bergères » moelleuses, il résiste de toute sa raideur à la désinvolture des axes chavirés, à la cabriole des lignes capricieuses dont tous ces meubles

Régence et Louis XV furent, après lui, la reposante image.

Fig. 146. — *Bouclier.*

La toiture du monument Louis XIV est essentiellement le dôme qui marche de pair avec la perruque, dans le rehaut du fronton constructif et humain. On néglige alors, dans toutes les expressions de l'art, les rapports de convenance et d'appropriation ; le moindre édicule est coiffé d'un dôme et ceinturé de balustres ; les jardins eux-mêmes sont tondus à l'ordonnance, et l'uniformité des visages s'incline devant la perruque pareille pour tous, en dépit du caractère, de la physionomie.

FIG. 147.
Bijou pendentif.

Bref, c'est l'heure de la discipline et l'épanouissement d'un art royal.

Qu'importe qu'auparavant, sous Louis XIII, époque où s'exagérait l'ampleur des vertugadins, l'engoncement des hanches ait mis seules en faveur les chaises sans bras ! Qu'importe que le toit ou ciel mobile des chaises à porteurs ait permis aux jolies titulaires des perruques pyramidales, principalement usitées sous Louis XVI, non pas seulement de se tenir debout, mais encore

FIG. 148.
Bijou pendentif.

de s'asseoir! Ce sont là préoccupations de confort que la cour de Louis XIV ne pouvait ni réaliser ni prévoir. Et cependant l'expérience de la commodité qui a résolu le meuble confortable comme à l'insu de ceux qui en jouirent, est solidaire en quelque sorte de sa beauté, si tant est que l'on se range à la prétention de notre architecture moderne, affirmant que, lorsque la forme et la formule esthétiques sont bonnes, les besoins sont satisfaits.

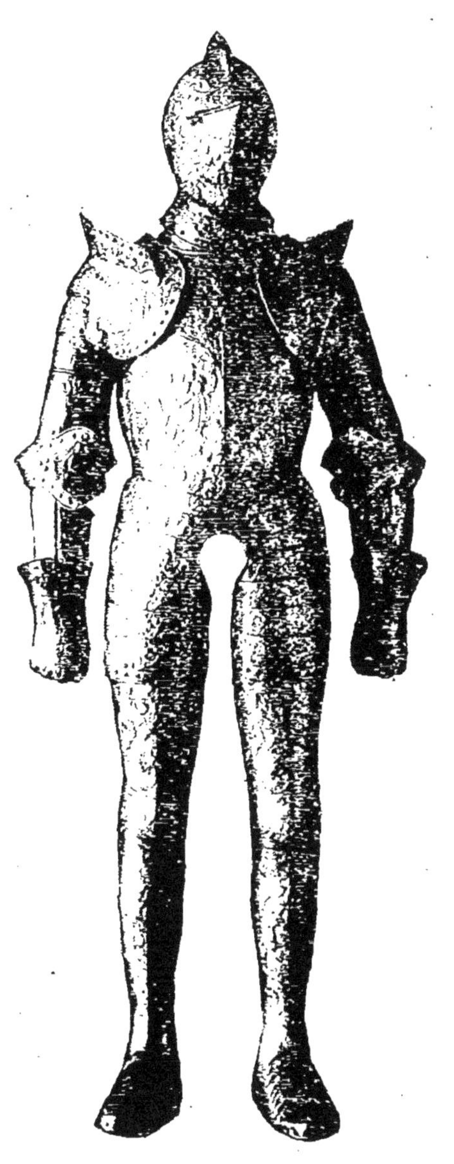

Fig. 149. — *Armure.*

Mais passons; nous ne verrons le confortable éclore qu'au XVIIIe siècle et précisément avec l'avènement de la délicieuse tyrannie féminine pour laquelle on s'ingénie à toutes sortes d'attentions délicates; autour de laquelle on crée une atmosphère où se réjouissent les aises et la futilité.

Le XVIIe siècle avait marqué le règne de l'homme, le XVIIIe siècle fut celui de la femme. Lassé des rigueurs de l'étiquette, fatigué de faire la roue, l'homme-paon eut une défaillance, et les mœurs devinrent alanguies après une trop longue tension du col. Dans l'histoire des styles, tout n'est que réaction et enthousiasme opposés. Fort heureusement il n'y a pas d'art type, et il ne faut voir dans l'énonciation d'une époque, que l'esprit d'un temps moulé sur des mœurs, caprices et modes.

Dès la Régence et sous Louis XV, donc, le geste, tout comme la ligne, s'arrondira. L'alignement des panneaux, la rectitude de leurs angles se fondent dans une inflexion délicieuse. L'équilibre des pendants rigides est rompu; la sarabande de la rocaille a eu beaucoup de mal à attendre l'éclipse du soleil!

Et l'on s'empresse aussitôt autour de la Femme; on lui tend le siège qui sied à sa grâce et reçoit galamment ses formes. Le vaste lit d'apparat est maintenant devenu un nid douillet et les boiseries arrondies caressent doucement le bras nu qui les frôle, tandis qu'en manière de révérence, les pieds des

FIG. 150. — *Costumes Renaissance.*

-meubles, autrefois rigides, disparaissent dans une torsade, sous les sièges.

Puis, avec Louis XVI, la ligne rentre dans le calme encore au nom des principes de l'antiquité. Les fantaisies rocailleuses de l'époque de Louis XV s'immolent sur l'autel de la Sagesse et de la Raison. C'est le régime après l'orgie ; l'heure des philosophes et des encyclopédistes après celle du sourire ; c'est la réaction en un mot, cette réaction intuitive, fatale, dont nous parlions précédemment, cette réaction latente au cœur de l'homme qui sabre aveuglément suivant ses dispositions ou ses caprices.

Après chaque échappée originale, hélas ! on brandit le sceptre gréco-romain qui jouit du privilège singulier de ramener soi-disant l'ordre dans l'art et l'esthétique, alors qu'il arrête, tout simplement, le progrès du génie. Mais c'est là une loi, une habitude, dont nos écoles n'ont pu encore s'affranchir, malgré le bénéfice qu'il y aurait à admirer le passé sans le considérer cependant comme le modèle infaillible de tous les temps.

Voici maintenant la Révolution qui va sévir ; c'est la faillite des arts somptueux, l'avènement de la démocratie. En laissant de côté la grande idée représentée par ce chambardement, tout n'est que ruines, et le sang coule. On porte l'orfèvrerie au creuset, et bon nombre de chefs-d'œuvre pieusement conservés n'échappent pas à la fureur populaire qui arrache sau-

Fig. 151. — *Costume Renaissance* (époque de Louis XII).

vagement les fleurs de lys, leur substituant le bonnet

phrygien ; ce bonnet phrygien que des abeilles assailliront, plus tard...

Entre bousculer la tradition et la détruire, entre retourner à la tradition et la proscrire, il y a toute la marge du respect dû au chef-d'œuvre des autres. Mais la haine perd toute mesure comme l'esprit sectaire et, de même que Louis XIV avait dédaigneusement condamné les merveilles du Gothique et de la Renaissance, on traita de « monuments d'esclavage » les constructions d'architecture antérieures à la Révolution !

Fig. 152.
Costume Renaissance.

A idées nouvelles, art nouveau certes, mais il faut le temps d'évoluer, et les conceptions brusques n'enfantent que des monstres ; c'est le fait de la Révolu-

FIG. 153. — *Costumes Renaissance.*

tion dont la manifestation esthétique fut seulement intempestive et symbolique; nous n'en prendrons pour exemple que cette collection d'encriers confectionnés avec des pierres de la Bastille et tant d'autres bijoux où ces mêmes pierres étaient serties!

Laissons donc les Jacobins parer d'emblèmes subversifs leurs élucubrations démarquées des siècles précédents ou bien bâtir, « à la diable », des lits « à la Fédération », des chaises « étrusques », et examinons la réaction future.

Voici le style d'un dictateur; c'est celui de Napoléon Ier, le style Empire, le dernier des styles classiques français.

On exagérera, maintenant, le penchant délicat et spirituel de la Renaissance et celui de Louis XVI, non moins sensible en son originalité. Ce sera du délire gréco-romain représenté par une chaise curule... en acajou massif! Aussi bien Louis XIV est revenu, au début du XIXe siècle, sous les traits du peintre Louis David, dictateur des arts. Athènes et Rome hantent Paris au nom d'un classicisme intransigeant sur lequel les fidèles lieutenants de l'auteur des *Sabines*, Percier et Fontaine, sont tout prêts à renchérir.

L'architecture du premier Empire est personnifiée par l'arc de triomphe, la colonne commémorative et le temple grecs, alors que la peinture et la sculpture n'empruntent leurs sujets et formes qu'aux dieux de l'Olympe. Quant au meuble typique, en dehors du trône romain, c'est la psyché, ce sont la méridienne, des lits de repos dits *paphos*, des athéniennes, etc.

FIG. 154. — *Costume Renaissance* (François Ier).

Bref, l'aigle s'installe dans le nid des héros antiques où il rêve de gloire en attendant la cage de Sainte-Hélène...

Après Napoléon Ier, c'est la débâcle, le triomphe

de l'impersonnel. Point d'idéal, partant point d'art; l'esprit bourgeois succède à la majesté. L'économie va conseiller le simili. A l'acajou plein se substituera

Fig. 155. — *Costume Renaissance*
(François de Lorraine, duc de Guise).

l'acajou plaqué, au marbre l'albâtre; les fontes de fer et de zinc joueront le bronze tout comme le carton-pierre et le plâtre doré remplaceront la sculpture sur bois et le bronze doré le bronze d'art! La décadence de la belle matière sonnera le glas de l'esthétique.

Les deux Restaurations, le règne de Napoléon III, échouent piteusement dans des œuvres seulement

Fig. 156. — *Costumes Renaissance* (François II).

honnêtes, et la somptueuse chaîne des styles ne peut se raccorder. L'impératrice Eugénie empruntera pour son décor les fraîches séductions du Louis XVI et, auparavant, l'auguste épouse de Louis-Philippe avait préféré les atours principaux de la Régence. M. Thiers, au surplus, lègue au Louvre une collection d'objets d'art sur le goût de laquelle il serait cruel d'insister. L'archéologie découvre un style « Troubadour », réminiscence tronquée du gothique, et l'acquisition de la collection Campana inspire un style étrusque, puis le second Empire exhume une pseudo-Renaissance.

A bout de tradition et d'archaïsme, fatigués d'appeler à eux les fouilles — celles de Pompéi et d'Herculanum avaient été si favorables au style Louis XVI ! — les artistes succombent au ressassement, faute de génie, voire d'idéal...

De nos jours, l'architecture et le mobilier ainsi que toutes les manifestations du décor semblent rentrer dans une voie de rénovation des plus appréciables. Il semble que l'on veuille enfin secouer le joug des vieilles formules et s'adapter à la société aux mœurs nouvelles. Malheureusement, la routine, guidée par l'économie et l'habitude, barre la route à une renaissance nécessaire. L'industrie française demeure conservatrice ; de crainte d'aventure, elle est stagnante; elle ne marche plus de l'avant, elle suit paresseusement le mouvement sans songer qu'elle va ainsi à la ruine de sa réputation séculaire en décourageant l'effort des artistes.

Gorgés de beauté, nous participons sans entrain, comme malgré nous, à une évolution à laquelle des chefs-d'œuvre isolés et non un ensemble harmonieux, nous convient. Nos Mécènes d'aujourd'hui font du sport, et le snobisme nous ronge qui prend l'insanité pour de l'originalité et encense de faux dieux. Mais, à tout prendre, la folie prétentieuse est préfé-

FIG. 157. — *Jeanne d'Albret*, reine de Navarre.

rable à la prudente inertie et nous sommes par avance avec les audacieux à cause de la rumeur qu'ils soulèvent. Au bout de l'excentricité on risque d'apercevoir une saine beauté que le front obtus des traditionnalistes nous cache le plus souvent, sous le manteau de la médiocrité. L'expérience d'un art est caduque d'une époque à l'autre et la sagesse des écoles consiste en son respect du passé et non en son étroite obéissance.

La Renaissance reconstitua l'art méconnu des chrétiens depuis la chute de l'empire romain, elle retourna à la civilisation de l'antiquité grecque, civilisation que le moyen âge avait en somme ignorée, elle eut donc le bénéfice d'un exemple supérieur ; mais il n'empêche que sa personnalité fut des plus vives d'après la sublime indication antérieure. La mode, d'ailleurs, qui conduit capricieusement le mouvement artistique, avait dû incliner à l'admiration exclusive de chefs-d'œuvre de l'antiquité condamnés précédemment par le christianisme et, il fut de mise, en Italie, d'opposer la beauté, autrefois proscrite, de l'architecture païenne, à l'architecture chrétienne de l'Occident. C'était la fin de l'importation étrangère et en quelque sorte l'originalité de la tradition antique reconquise à une époque particulièrement fertile en génie. Il faut espérer en d'autres renaissances, mais il est rare qu'un tel bouleversement intellectuel naisse dans la quiétude, et blasés de beauté dont nous nous ingéniions à restaurer les ruines plutôt que d'en chercher une nouvelle marquée à l'esprit de notre heure, nous étions devenus des savants et des érudits de la gloire des autres, avant la grande guerre de 1914-18.

Il nous manqua la soif d'idéal et de luxe, la vanité

aussi d'un Charles VIII, d'un Louis XII et d'un François Ier qui, pour l'agrément de leur propre luxe, procurèrent un beau rêve à la France comme nous venons de lui en procurer un — sur la fertilité artistique duquel il nous faut espérer — avec notre victoire d'aujourd'hui contre la Germanie, qui marque le triomphe du Droit et de l'Idéal contre la Brutalité.

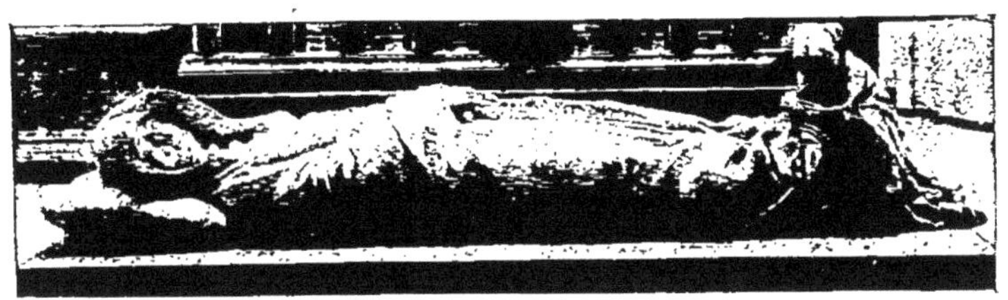

CHAPITRE X

Causerie sur nos gravures

Fig. 1. — *Église Sainte-Sophie.* Chef-d'œuvre de magnificence élevé par les Grecs du Bas-Empire et fondée par Constantin, la vingtième année de son règne, cette basilique brûlée auparavant par les Ariens, puis réparée par Théodose, victime à nouveau d'un incendie qui coûta la vie à trente-cinq mille hommes, fut enfin réédifiée par Constantin qui résolut d'en faire le plus magnifique monument qu'on eût bâti depuis la création. Sainte-Sophie fut construite par deux architectes grecs : Anthemius de Tralles et Isidore de Millet. Elle nécessita dix mille ouvriers conduits par cent maîtres maçons et seize ans de travail. Selon les auteurs, Justinien avait déjà payé 452 quintaux d'or quand les murs ne s'élevaient encore qu'à un mètre au-dessus du sol ! Le dôme de cette basilique où l'or, la mosaïque, les marbres précieux ont été prodigués, représente un tour de force d'architecture. Aujourd'hui, Sainte-Sophie s'est transformée en mosquée. Dépouillée de tous ses ornements, elle est triste et nue.

Fig. 2. — *Chapiteau roman*. Ce chapiteau du XIe siècle provient de la cathédrale Saint-Dié, à Saint-Dié. Il s'inspire de la manière grecque, mais davantage de la manière byzantine (feuillages enlacés et perlés) surtout épanouie au XIIe siècle.

Fig. 3. — *Église Sainte-Croix*, à Bordeaux. Style roman des XIIe et XIIIe siècles.

Fig. 4. — *Portail de l'église de la Madeleine*, à Vézelay. On remarquera la richesse décorative du tympan, encore inspirée de la manière byzantine mais affranchie, dans l'observation naturelle, de la décadence des arts grecs. Bel exemple de l'école clunisienne, particulièrement brillante, au XIIe siècle.

Fig. 5. — *Notre-Dame de Paris*. Reconstruite en 1163 par Maurice de Sully, évêque de Paris, la première pierre de ce joyau de l'art ogival fut posée par le pape Alexandre III, réfugié en France, et le roi Louis VII.

Le nom de Childebert est attaché à une ancienne

basilique du IVe siècle qu'il réédifia deux cents ans plus tard, et la cathédrale de Paris naquit ensuite de la réunion de deux édifices dédiés l'un à Saint-Étienne, l'autre à Sainte-Marie ou Notre-Dame.

Le portail de cette superbe cathédrale (restaurée en 1845) date de 1257. La porte du centre (*fig.* 6) représente le Jugement dernier.

Fig. 7. — *Entrée du musée de l'Hôtel de Cluny*, à Paris. Cet Hôtel-Musée est dans un excellent état de conservation, il représente l'art ogival et le style de la Renaissance, à l'époque de transition. Œuvre tout d'abord de Pierre de Chaslus, abbé de Cluny, qui le construisit vers le milieu du XIVe siècle, cet Hôtel où s'abritent maintenant de précieuses collections (meubles, objets d'art du moyen âge, de la Renaissance, et autres époques antérieures), fut complètement réédifié par Jacques d'Amboise, frère du ministre de Louis XII, à la fin du XVe siècle.

Fig. 8. — *Musée de l'Hôtel de Cluny*, bâtiment latéral gauche, dans la cour intérieure. On y remarquera l'arcade ogivale gothique ornée de choux frisés au-dessus de laquelle s'ouvrent des fenêtres à créneaux de style Renaissance. La façade de l'hôtel de Cluny (voir la gravure précédente) est curieusement couronnée de créneaux belliqueux en souvenir du moyen âge, et la petite porte est gothique tandis que la grande est Renaissance. On observe encore dans cette gravure que les fenêtres supérieures cumulent dans leur fronton, les ornements de l'art ogival et l'esprit constructif de la Renaissance.

Fig. 9. — *Église Saint-Maclou*, à Rouen. Elle est un des plus beaux exemples de la troisième période ogivale (xve et partie du xvie siècle) où les monuments sont d'une richesse de détail extraordinaire, jusqu'à la surcharge et à l'encombrement qui marquent la décadence du style ogival. Même observation pour la figure 10, de la même époque (style flamboyant).

Fig. 10. — Les stalles comportent un haut dossier formant *dais* à sa partie supérieure. En bas, à droite et à gauche du siège, sont les *accoudoirs*. Le siège ici est relevé pour montrer la *miséricorde* ou *patience*, sorte de console sur laquelle on s'asseyait à demi, sans ployer les genoux, comme si l'on était debout. D'abord en pierre ou en marbre aux premiers temps de la chrétienté, ces stalles devinrent des chefs-d'œuvre de menuiserie.

Fig. 11. — *Chaises* de style ogival. On disait indifféremment, chaire, chaise ou chaière. On remarquera sur le panneau, à la base du meuble, le motif dit : parchemin déployé ou roulé, ou *serviette*. Il y a aussi des chaires à deux places.

Fig. 14 et 125. — *Lits*. Le premier n'est point encore dégagé de l'alcôve. Son dais, ouvragé dans le goût de l'art ogival, ne repose que sur une colonne. Sur le châssis du bas, on remarque le motif caractéristique de parchemin roulé ou « serviette », du XVe siècle, déjà signalé précédemment. Le second, de style François Ier, présente quatre colonnes tournées, elles sont dites *quenouilles*. On remarquera la magnificence de cette dernière couche, de ce lit de milieu, d'apparat, comparé au précédent dont le chevet est clos ainsi que la paroi du fond. Il n'y manque plus que les rideaux qui masquaient la ruelle.

Fig. 17 (voir *fig*. 25).

Fig. 18 et 19. — *Chapiteau et colonnes Renaissance*. On remarquera leur fantaisie inédite sur le thème antique.

Fig. 20. — *Colonne française*. Très estimée sinon inventée par Philibert Delorme, cette colonne se reconnaît aux colliers ou *tambours* qui parent ses cannelures. Nous la retrouverons jusqu'au règne de Louis XIII. Ces colliers masquent en réalité les joints des pierres de la colonne.

Fig. 22. — *Panneau sculpté.* Cette figure de femme fait pendant, sur le même meuble, à la figure d'homme précédente. La femme de la Renaissance est ainsi décrite par les Goncourt : « dégagée, allongée, fluette dans sa grandeur élancée, avec des tournants et des rondissements d'arabesques, des extrémités arborescentes à la Daphné... » Et l'on a curieusement expliqué la grâce étirée du modèle féminin de cette époque, dont Jean Goujon a génialement fixé le type, au torse court sur des jambes longues, par l'habitude que les femmes d'alors avaient de chevaucher à cheval. Le torse se tassait dans la position assise, tandis que les jambes pendaient. Déformation ethnique dont les opulentes femmes de Rubens offrent un exemple différent en raison de l'usage excessif de la chaise à porteurs qui favorisait l'éclosion de leurs formes adipeuses, au XVIIe siècle.

Fig. 23. — *Abside de l'église Saint-Pierre* à Caen. Voici une des rares églises ornementées entièrement au goût de la Renaissance. A vrai dire, la construction générale est inséparable de l'esprit ogival et il n'y a que le décor, purement Renaissance, qui change, aplatissant les nervures précédentes, jouant avec richesse et gaîté sur les lignes moins fantaisistes d'hier. D'ailleurs, à l'époque qui nous occupe, dans l'état tourmenté de l'esprit religieux, on se contenta d'achever les églises précédentes. Point d'église « renaissance » entière. Les églises de *Saint-Eustache* (*fig.* 17) et de *Saint-Etienne-du-Mont* offrent encore, à Paris, un exemple frappant de ce manque d'unité imposé par les temps.

On remarque une association très intéressante et gracieusement harmonieuse de la dernière manifestation du style ogival dit *flamboyant* et de la Renaissance, dans la partie méridionale de Saint-Eustache, parallèlement aux Halles, d'où nous avons détaché le portail de la figure 17.

Fig. 30 et 35. — Décor en *arabesques* ou arabesques. Ce genre de décor innové par les Arabes, où se mêlent des figures humaines et des représentations animales à travers des architectures, des feuillages, des fruits, des draperies, rubans, etc., fut aussi très goûté des Grecs et des Romains. Il prit fin avec le XVIe siècle pour renaître au XVIIIe sous l'influence des découvertes faites à Pompéi et à Herculanum. Les arabesques furent remplacées par des rinceaux gothiques sous la Restauration et elles esquissèrent un vague retour sous Napoléon III, époque où l'on essaya une sorte de décoration néo-grecque.

On a confondu, en somme, sous le même nom, l'arabesque et le *grotesque* (en souvenir des « grottes » ornées de « grotteschi », chambres enfouies et retrouvées sous terre, lors des fouilles exécutées à Rome aux XVe et XVIe siècles). Raphaël fut un précurseur des grotesques que l'école du Primatice devait introduire dans l'art français, dans l'architecture et jusque dans le mobilier, l'orfèvrerie, la tapisserie, etc. Du Cerceau, Étienne Delaune, notamment, excellèrent dans l'arabesque ou le grotesque, au XVIe siècle.

FIG. 37, 39, etc. — *Panneaux* (de revêtement). Ils sont généralement en bois de chêne et de noyer, sculptés en plein bois. Leurs motifs sont symétriques, souvent disposés verticalement en bandes étroites. Ils affectionnent aussi les rinceaux (en-tête du chapitre II), les grotesques, les arabesques, illustrés par les Androuet Du Cerceau. Voir les mascarons dessinés (culs-de-lampe des chapitres I et IX). Le motif entrelacs du panneau de la figure 43 accuse la fin du XVIe siècle, l'aube du style Louis XIII. Même observation pour la *cassette* de la figure 133.

FIG. 46 ET CUL-DE-LAMPE DU CHAPITRE VI. — *Assiette* et *plat* de Bernard Palissy (1510-1590). L'assiette est en émail jaspé ou marbré, et le plat en faïence émaillée. Ce dernier représente des poissons et des reptiles moulés en relief qui, en couvrant la surface tout entière de la pièce qu'ils devaient simplement orner, contredisent à son but d'utilité. Ce sont là des plats

« décoratifs » condamnés aujourd'hui par la logique, mais d'une matière remarquable. Ils méritèrent au maître potier-émailleur le titre d'inventeur des *Rustiques figulines du Roi et de M*gr *le Connétable*.

Fig. 57. — *Château de Blois*. Il remonte aux comtes de Châtillon (XIIIe siècle) et aux ducs d'Orléans (XVe siècle); puis Louis XII le fit reconstruire en grande partie et François Ier y ajouta l'aile qui figure sur notre gravure. Gaston d'Orléans, enfin, au XVIIe siècle, tenta avec le concours de François Mansart la reconstruction totale du château que sa mort arrêta (voir l'amorce de l'aile droite sur notre gravure).

Dans les figures 55 et 56 (architectures de Louis XII), nous apercevons encore les traces de l'art ogival qui disparaîtront dans l'architecture de François Ier empruntée aux arts grec et romain, témoin la présente gravure.

Fig. 58. — *Le puits de Moïse*, par Claux Sluter. Il provient de l'ancienne Chartreuse de Champmol et représente les prophètes Moïse, David, Jérémie, Daniel, Zacharie et Isaïe. Claux Sluter illustra l'école de Dijon.

Fig. 60. — *Château de Chambord*. François Ier transforma, sur les plans de Pierre Nepveu, la maison de chasse des anciens comtes de Blois due à Denis Sourdeau. Puis Jacques Coqueau succéda, comme architecte, à Nepveu dit Trinqueau. François Ier, Henri II, Charles IX, Louis XIII, Gaston d'Orléans, Louis XIV, notamment y séjournèrent. On remarquera les importations esthétiques italiennes à l'ancien château féodal français : notamment les lanternes (*fig.* 61) et les arcades en plein cintre du rez-de-chaussée visibles sur la droite de notre gravure.

Comparer ce château avec ceux de Pierrefonds et d'Azay-le-Rideau (en-têtes des chapitres III et V).

FIG. 63. — *Fenêtres* (château d'Ecouen). Fenêtres coupées de *meneaux*, encadrées de pilastres à chapiteaux doriques; bandeau supérieur orné de triglyphes. Couronnement purement décoratif, avec frontons et niche abritant un motif ornemental.

FIG. 64. — *Musée Carnavalet*, à Paris. Œuvre de Lescot, auteur également de la Fontaine des Innocents. Cet hôtel, bâti en 1544 pour la famille des Ligneris, président au Parlement, devint la propriété des Kernavony, connus sous le nom de Carnavalet, puis embelli par Du Cerceau et transformé par Mansart, il fut, de 1677 à 1696, la demeure de Madame de Sévigné. Au fond de cette gravure qui représente la façade de l'hôtel sur la rue de Sévigné, on aperçoit les bas-reliefs de Jean Goujon (les Saisons) et, au premier plan, figure la statue de Louis XIV, par A. Coysevox, provenant de l'ancien hôtel de ville.

Fig. 65. — *Galerie* dite *de François Ier* au château de Fontainebleau. Cette galerie somptueuse décorée par Rosso, mesure soixante-quatre mètres de longueur sur six mètres de largeur. La galerie Henri II, au même château (*fig.* 66), ou salle des Fêtes, construite par François Ier et décorée par Henri II, ne compte, elle, que trente mètres de longueur sur dix de largeur.

Fig. 67. — *Maison* dite *de Diane de Poitiers*, à Rouen. On remarquera le charme général de sa décoration, où le bois sculpté a le plus grand rôle. Sculpture plate, très fouillée, purement française, à consoles, pilastres, balustres; larges fenêtres à meneaux. Au deuxième étage : deux médaillons typiques sous François Ier et Henri II. Au-dessous du fronton aigu qui couronne la maison : une fenêtre ornée d'une coquille.

Fig. 68. — *Maison* dite de la « Coquille », à Orléans. Elle est marquée, en effet, d'une coquille visible au-dessus des deux lucarnes qui surmontent la petite porte de gauche. Nous retrouverons souvent sous la Renaissance cette gracieuse coquille (voir en-tête du chapitre VII).

Fig. 69. — *Vieux Louvre* (Pavillon de l'Horloge). Pour habiller ce somptueux morceau d'architecture, Pierre Lescot fit appel notamment à la collaboration des sculpteurs Jean Goujon et Paul-Ponce Trebatti, ce dernier, élève de Michel-Ange. Cet élément initial de la reconstruction du Louvre, dont l'initiative est due à François Ier, date des années 1540 à 1548. L'architecte italien Sebastiano Serlio avait d'abord été présenté par François Ier pour ces plans, mais Serlio préféra ceux de Lescot. On remarquera la symétrie de ce pavillon central (ainsi que celle du monument tout entier), l'ornementation grecque (niches à la romaine, pilastres, colonnes de style corinthien) et romaine (Victoires et Renommées). Au fronton supérieur s'inscrit le monogramme de Henri II.

Fig. 70. — *Cheminée*. Elle est en marbre blanc. Ses pilastres, son chapiteau corinthien (l'acanthe romanisée le plus souvent) représentent toujours bien la structure antique. Les denticules, disparus pendant la période ogivale, reparaissent maintenant.

En dehors de ces arabesques nouvelles, de toute cette fantaisie sculptée si finement, à fleur de marbre, l'aspect de cette cheminée que ne désavouerait pas le style Louis XVI, est bien celui d'un petit monument grec.

Fig. 84. — *Tombeau de Laurent de Médicis.* Il figure ainsi que celui de Julien de Médicis, dans l'église San Lorenzo, à Florence. Ces deux tombeaux, sur six envisagés par Léon X et Clément VII, ont été seuls achevés. Ils personnifient, en pendants, le *Jour* et la *Nuit*, l'*Aurore* et le *Crépuscule*. La statue assise que montre notre gravure, surnommée « il Pensieroso », représente Laurent.

Fig. 93. — *Diane à la Biche*, par Jean Goujon. Elle provient du château d'Anet.

Fig. 95 *bis*. — *Les Trois Grâces*, par Germain Pilon. Ce célèbre groupe, aujourd'hui au Louvre, était destiné à supporter une urne funéraire dans laquelle avait été déposé le cœur d'Henri II.

Fig. 126. — *Table en noyer*. Elle se réclame de l'École lyonnaise du XVIe siècle.

Fig. 138. — *Faïence artistique* dite d'Henri II ou d'Oiron. Ces faïences extrêmement rares, étaient dues à un céramiste de Saint-Porchaire (Deux-Sèvres).

Elles sont reconnaissables à un lacis d'ornements colorés, non peints mais imprimés, au moyen soit d'une opération de décalquage, soit d'une incrustation à l'aide d'outils en creux ou de roulettes à reliefs.

Des ornements en haut relief, moulures, consoles, mascarons et figurines, ajoutent à l'agrément de ces délicates pièces.

Fig. 155. — Au xvie siècle, les costumes des hommes et des femmes étaient « à crevés ». On nommait ainsi les ouvertures longitudinales pratiquées dans une étoffe et qui laissaient passer ou apercevoir une autre étoffe, sur la poitrine, aux manches.

On prétend que François Ier, souffrant des pieds, avait ménagé des jours dans ses souliers pour être mieux à l'aise, et de là cette mode gagna le costume.

En-tête du chapitre iii. — *Château féodal de Pierrefonds.* Bâti vers la fin du xive siècle, par le duc Louis d'Orléans, il avait remplacé un autre château construit au xiie siècle, qui appartenait aux descendants de Nivelon de Pierrefonds, fondateur du prieuré de Saint-Sulpice. Viollet-le-Duc restaura en 1858 le bâtiment que le duc d'Orléans avait confortablement et luxueusement adapté aux usages militaires et qui, après avoir été occupé par les ligueurs, sous Henri IV, et par des seigneurs révoltés, sous Louis XIII, fut détruit. Caractères de l'ancien château féodal : *hourds* crénelés bordant les tours, aux toits en poivrières ; tours bordées en balcons ou *machicoulis*, *meurtrières*, créneaux, qui deviendront des fenêtres (voir la gravure suivante). Fossés ou douves tout autour du château auquel des ponts-levis donnent accès.

En-tête du chapitre iv. — *Frise* par Luca Della Robbia, d'après une reproduction qui figure à l'École Nationale supérieure des Beaux-Arts, à Paris. Elle est en terre cuite émaillée. « Luca Della Robbia (a-t-on écrit), créant la sculpture en terre, inventa à la fois le secret de travailler l'argile, celui de rendre son travail éternel comme des sculptures, en le vernissant, et l'art de le varier, comme des peintures, en le coloriant. »

Cul-de-lampe du chapitre iv. — *Buste de femme inconnue* (École napolitaine).

En-tête du chapitre v. — *Château d'Azay-le-Rideau*. Construit au début du xvie siècle par ordre de Gilbert Berthelot, conseiller, secrétaire du roi et seigneur d'Azay-le-Rideau, sur les ruines d'un ancien château que les Bourguignons sous Charles VI avaient occupé, et dont le dauphin Charles en 1418 s'était ensuite emparé, le château actuel, en excellent état de conservation, converti en musée, demeure un des témoins les plus ravissants de l'époque de la Renaissance en Touraine, avec ceux qui suivent. Dans ce château, on retrouve la structure générale, l'aspect même, mais agrémenté, du château féodal. La préoccupation guerrière a disparu; l'utilité précédente : créneaux, machicoulis, fossés, demeurent, mais sous un prétexte d'ornementation.

Cul-de-lampe du chapitre v. — *Palais Ducal*, à Venise. On remarquera l'escalier dit « des géants », dû, ainsi que la façade, à A. Rizzo, en 1485. Les sculptures de cet admirable monument sont de Lombardo (1499) et de Scorpagnino (1545).

En-tête du chapitre vi. — *Saint-Georges*, par Michel Colombe, surnommé « prince des sculpteurs français » (1431-1512). Ce beau bas-relief autrefois au château de Gaillon est maintenant au Louvre.

En-tête du chapitre vii. — Avec ses médaillons surmontés de coquilles, ce devant de coffre est nettement signé de l'époque de François Ier.

En-tête du chapitre x. — Les personnages étendus sur leur sarcophage sont dits, dans la sculpture gothique, des *gisants* ou gisantes. Les *orants* sont les personnages représentés dans l'attitude de la prière. Et l'on nomme *pleurants* les personnages encapuchonnés qui accompagnent généralement les tombeaux « en pleurant » ; d'où leur nom. Au XVIe siècle, les défunts en prière s'appelleront des *donateurs*.

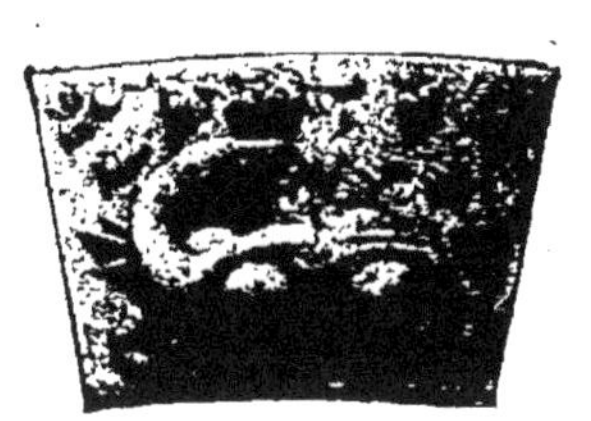

TABLE DES MATIÈRES

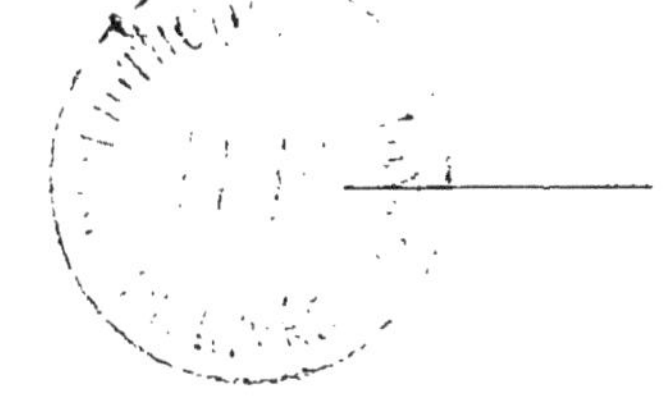

Tours. — Imp. Deslis Frères et Cie, 6, rue Gambetta. — 5-18.

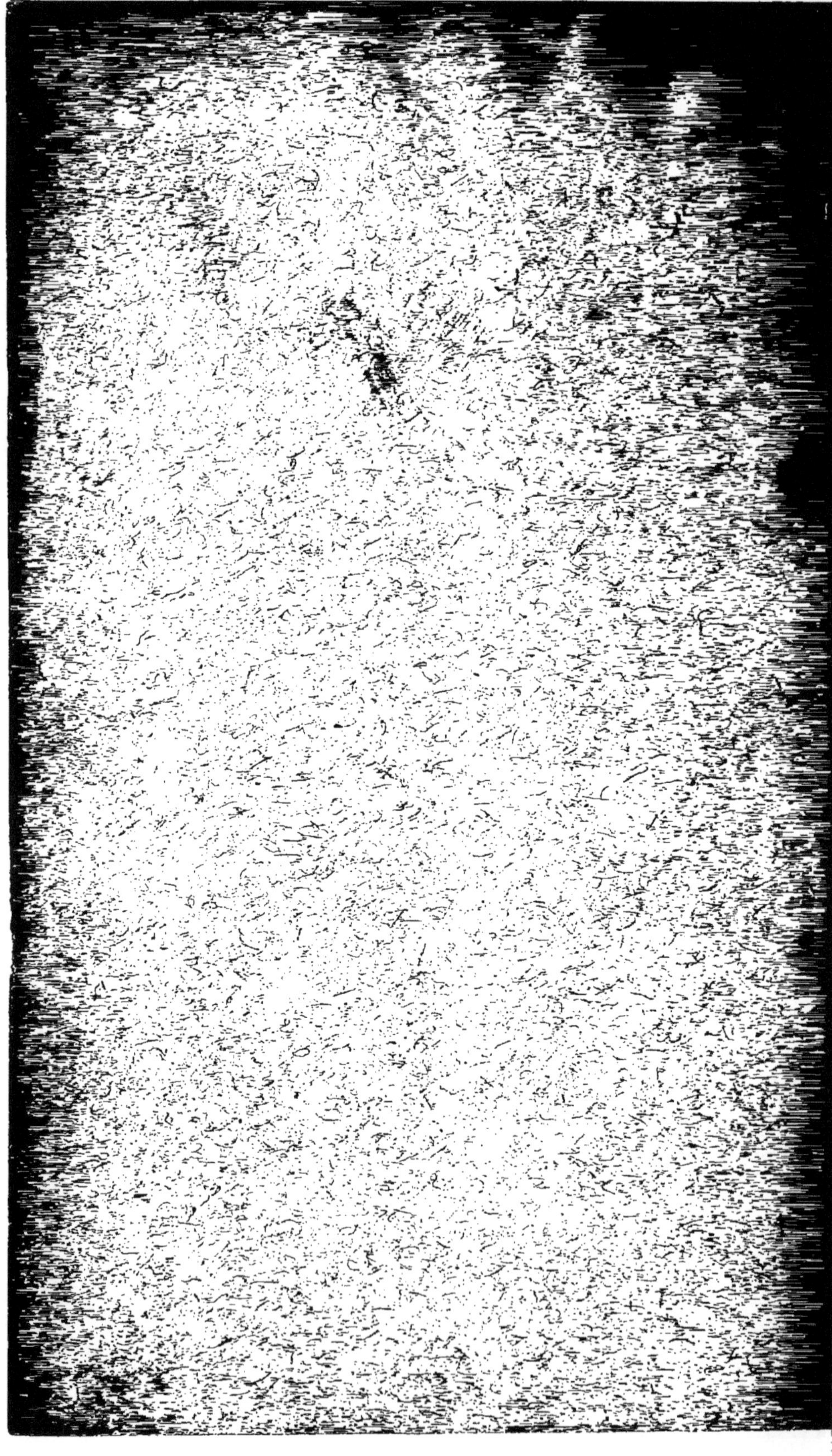

www.ingramcontent.com/pod-product-compliance
Ingram Content Group UK Ltd.
Pitfield, Milton Keynes, MK11 3LW, UK
UKHW010231240726
13926UKWH00013B/2133

9 782013 693462